DE LA BARBARIE
en général
ET DE L'INTÉGRISME
en particulier

RACHID MIMOUNI

DE LA BARBARIE
en général
ET DE L'INTÉGRISME
en particulier

LE PRÉ AUX CLERCS

ISBN : 2-266-05467-8

LES INCRÉDULES

Au nom de Dieu :
Celui qui fait miséricorde,
le Miséricordieux.

Dis :
« Ô vous, les incrédules !
Je n'adore pas ce que vous adorez;
vous n'adorez pas ce que j'adore.

Moi, je n'adore pas ce que vous adorez;
vous, vous n'adorez pas ce que j'adore.

A vous votre religion;
à moi, ma Religion. »

(SOURATE CIX)

UN PAYS DE PARADOXES

Orient et Occident

Le 26 décembre 1991, à 23 heures, Larbi Belkheir, ministre algérien de l'Intérieur, entre dans la salle de presse où piaffent d'impatience plusieurs centaines de journalistes venus du monde entier couvrir les premières élections législatives pluralistes de l'histoire de l'Algérie indépendante. Cette consultation avait une importance capitale.

En premier lieu, elle devait décider d'un choix de deux projets de société radicalement différents. Les intégristes, en cas de victoire, se promettaient de provoquer une rupture radicale afin d'instaurer la république islamique de leurs rêves.

Par ailleurs ce scrutin était suivi avec une extrême attention par tous les autres pays musulmans car il avait valeur de test. L'Algérie avait choisi de légaliser un parti islamiste, espérant le banaliser puis le marginaliser, alors que tous les autres dirigeants arabes avaient opté pour la manière forte face à la résurgence des mouvements religieux.

Dès que le silence se fit dans la salle, le ministre annonça laconiquement que les premières informations reçues préfiguraient un ballottage généralisé au premier tour. Il s'éclipsa en promettant de revenir plus tard.

A son retour, il a le visage défait. Il tente de lire le texte qu'il tient d'une main tremblante, mais bafouille tellement que les journalistes présents n'estiment pas nécessaire d'écouter les résultats qu'il va annoncer. Ses traits tirés confirment le raz de marée intégriste qu'il s'évertue à minimiser.

Après vingt-six ans d'un régime de parti unique et d'une politique socialisante, le premier suffrage démocratique de l'Algérie propulsait un mouvement qui se proposait d'établir une nouvelle forme de dictature.

Dès le premier tour, le Front islamique du salut (FIS) raflait 188 mandats. Il devenait certain que, trois semaines plus tard, il disposerait de plus de la moitié des 430 sièges soumis au verdict des électeurs.

Beaucoup de citoyens, comme le gouvernement, avaient parié sur un score électoral islamiste évoluant entre le quart et le tiers des votants.

Ce fut le choc.

Les intégristes pavoisaient. Leurs adversaires étaient consternés.

Qu'est-ce que ce parti qui se réclame de l'islam et de la *charia*, le droit canon musulman ? Pourquoi le plus moderne des pays arabes s'est-il retrouvé dans cette situation ? Quelles sont les causes de cette dérive ? Comment est-il parvenu à séduire tant d'individus, tant d'hommes et surtout tant de femmes ?

I

Qu'est-ce que le FIS ?

ARCHAÏSME

Le monde sera ce qu'il était

La fulgurante ascension du Front islamique du salut (FIS) en Algérie est surprenante à plus d'un titre. Son discours contradictoire, ses idées courtes, son absence de programme auraient dû le vouer à un échec retentissant.

Mais les instruments classiques d'analyse se révèlent incapables d'expliquer son succès.

On a tendance à assimiler le FIS à un parti au sens moderne du terme, avec des structures locales, régionales puis nationales toutes élues par les militants, et dont les représentants se réunissent régulièrement en congrès afin d'adopter une ligne d'action et désigner leurs dirigeants.

Tel n'est pas le cas du mouvement intégriste. Il est une résurgence du passé, et toutes ses caractéristiques soulignent son archaïsme.

Il tient d'abord d'une nébuleuse. Le seul organe du FIS est un conseil consultatif composé de cheikhs cooptés. Cette instance est plus que mystérieuse, puisqu'on en ignore le nombre de sièges, le nom de certains de ses membres, et ses modalités de fonctionnement. Il n'a ni statut ni règlement intérieur connus. Ses réunions se déroulent toujours à huis clos, dans des lieux souvent tenus secrets, sans périodicité ni ordre du jour définis. Ses décisions peuvent être suivies ou ignorées selon qu'elles servent ou contrarient certains de ses leaders. Sa composition peut changer au gré des circonstances d'autant plus aisément qu'il n'existe aucune procédure de nomination, encore moins d'élection. Ainsi, chacun des leaders, pour légaliser ses positions, peut se targuer de l'aval d'un conseil dont il aura sélectionné les membres assemblés à l'insu des autres.

En fait, il s'agit d'un organe occulte, chtonien, comme les affectionnent les organisations secrètes, de l'Ordre des Assassins (Hachichin) à celui des Templiers ou du Ku Klux Klan. Cela se passe ainsi en Iran, où le véritable détenteur du pouvoir n'est pas le président Rafsandjani, mais l'imam Khamenei, chef d'un très ténébreux conseil.

Le FIS ne s'est jamais réuni en congrès. Il n'a ni président, ni secrétaire général, ni commissaire, ni premier imam, quelle que soit l'appellation usitée pour désigner le numéro un. Abassi Madani s'est autoproclamé porte-parole du FIS, non sans soulever de nombreuses protestations. Ce furent les médias nationaux et étrangers qui, inquiets de continuer à se mouvoir à tâtons dans l'obscurité délibérée du mouvement intégriste, éclairèrent de leurs feux la rampe d'un chanoine au visage patelin qui n'en espérait pas tant.

C'est un mouvement plus qu'un parti. Une multitude d'imams, sans lien organique, le représentent. Les plus éloquents d'entre eux, presque toujours les plus virulents, en deviennent des figures de proue. Ce sont des prédicateurs, et ils s'inscrivent en cela dans la pure tradition historique maghrébine.

En l'an 711 s'achève la conquête du Maghreb par les armées musulmanes. Mais, comme sous l'Empire romain, la nouvelle province va très tôt acquérir son autonomie vis-à-vis du pouvoir central installé au Moyen-Orient. On va donc voir s'établir, prospérer puis décliner une succession de royaumes maghrébins dont l'obédience au khalife restait formelle.

Mais ce ne sont pas des conquérants qui, par le cimeterre, vont constituer ces royaumes, bataille après bataille, victoire après victoire. A leur origine on trouve toujours un prédicateur, un « mehdi » (envoyé) qui estime que le régime en place est hérétique et qui propose « la voie droite », selon la formule coranique. Il va de lieu en lieu, prêchant parmi les tribus réfractaires, hostiles ou révoltées. Le rénovateur religieux finit par rallier un nombre suffisant de tribus dont les guerriers seront lancés à l'assaut du pouvoir établi.

Ainsi le porteur d'eau Maisara instaura l'imamat de Tahert, qui prônait le kharidjisme. L'empire fatimide fut fondé sur le chiisme, l'almoravide sur le malékisme. Ibn Tūmart, un autre apôtre, créa le royaume almohade.

On comprend dès lors que les leaders actuels du FIS se soucient fort peu d'élaborer un programme politique. Comme leurs modèles du Moyen Age, ils ne songent qu'à ramener le peuple vers l'orthodoxie religieuse.

Économiquement, les empires précités, une fois établis, n'ont pu prospérer qu'en contrôlant un certain nombre de routes commerciales. Leurs émules actuels ne manqueront pas de s'intéresser à la nouvelle et très spéciale « route commerciale », qu'en Algérie on appelle le « trabendo ». On aura l'occasion d'en parler.

Ainsi, la vulgate intégriste ne propose qu'un seul credo économique : la liberté de commerce, élevée au rang de panacée.

On constate chez les intégristes une formidable capacité d'adaptation aux circonstances sans qu'ils parviennent pourtant à intégrer dans leur approche les bouleversements économiques et sociaux qui se sont produits depuis la fin du Moyen Age.

La maîtrise des grandes voies commerciales qui assura la prospérité de l'Empire arabo-musulman commença à être battue en brèche, dès le

XIIIe siècle, par les navigateurs portugais, hollandais, anglais, espagnols et les comptoirs qu'ils fondèrent un peu partout sur les côtes. Cela ne contribua pas peu au déclin de cette civilisation.

Il y eut surtout, à partir de la fin du XVIIIe, la révolution industrielle qui devait modifier radicalement les rapports économiques. L'invention de la machine, et les gains de productivité qu'elle impliquait, devait ruiner les bases de l'ancien système d'échange, puisqu'on allait progressivement passer d'un monde de rareté chronique à celui d'une abondance de plus en plus manifeste. Fabriqués à moindre coût et en quantités énormes, les produits industriels européens se mirent à concurrencer ceux de l'artisanat. Le lin et le coton anglais tuèrent la soie chinoise. C'était désormais la capacité de production qui assurait les fondements de la « richesse des nations », selon l'expression de Keynes, le commerce ne devenant plus qu'un corollaire destiné à assurer l'écoulement des produits finis ou l'approvisionnement en matières premières, d'autant que les progrès du transport maritime brisèrent les monopoles des voies commerciales. Dès le XIXe siècle, toutes les routes commerciales étaient devenues libres tandis que s'établissaient et se consolidaient des États-nations aux frontières délimitées, qui, pour protéger leur économie, érigeaient des barrières douanières et imposaient sur leur territoire l'usage d'une monnaie spécifique.

L'idéologie intégriste continue à ignorer ces changements.

Les évolutions ultérieures rendent encore plus archaïque leur conception. Les économies des pays occidentaux, Japon compris, ont atteint des niveaux de productivité tels qu'aucun pays du tiers monde ne peut espérer les concurrencer, excepté quelques dragons asiatiques et hors les produits primaires qu'ils ne sont plus intéressés à fabriquer. Il ne faut pas non plus négliger l'effet de séduction qu'exercent ces pays sur le reste du monde, qui rejaillit sur leurs produits. A qualité égale, on acceptera de payer beaucoup plus cher un appareil affichant un sigle occidental prestigieux.

Si l'on doit parler de l'Algérie, il faut moins craindre de caricaturer que de rester en dessous de la réalité. Les piètres produits que les Algériens peuvent acquérir excitent leurs frustrations, alors que leurs fantasmes sont quotidiennement entretenus par les publicités des chaînes françaises de télévision, dont ils raffolent. On a vu quelques cas rarissimes d'appareils de qualité honorable, issus d'un simple assemblage de pièces importées. Mais à ces clones de Philips, Sony et autres, les Algériens continuaient à préférer les originaux, quittes à débourser le double de la somme.

Il est clair que l'instauration de la liberté de commerce, qui se serait traduite par l'ouverture des frontières nationales aux produits étrangers, aurait sonné le glas d'une économie déjà moribonde. L'« économie de bazar » qui consiste à financer par le pétrole toutes les autres importations ne peut s'appliquer qu'aux pays du Golfe où le nombre de barils chaque jour exportés dépasse souvent celui des citoyens.

La stratégie d'accession au pouvoir de ces nouveaux prédicateurs est calquée sur les exemples du passé. Là aussi, les changements survenus sont ignorés. Dès leur libération, les ex-colonies bâtirent des États-nations à l'image des pays qui les dominèrent, avec une armée et des forces de sécurité détenant le monopole des armes. Cette situation rend impossible le processus classique de conquête du pouvoir par un prédicateur qui aura su se rallier un nombre suffisant de tribus pour les lancer à l'assaut du monarque.

Le scénario iranien est peu susceptible de se reproduire. Les régimes menacés par l'intégrisme en ont tiré la leçon et pris leurs précautions. Leurs forces de sécurité se sont préparées et équipées pour contenir les émeutes en minimisant les pertes. L'exemple algérien vient de l'illustrer.

L'idéologie intégriste, dans ses manifestations concrètes, relève du même archaïsme. Ses prosélytes se crispent sur la nécessité d'un retour à la pureté originelle de l'islam. En ce sens, ils prônent un mode de vie semblable à celui qui existait en Arabie au VIIe siècle. Ils s'acharnent à imiter le Prophète jusque dans leur tenue vestimentaire. Ils portent la barbe comme lui, s'habillent de la même façon, et certains dorment comme il le faisait, couché sur le flanc, à même le sol. Ils enduisent leurs paupières de khôl, car ce produit de beauté est aussi un antiseptique fort usité dans une région où sévit le trachome. Ceux dont la barbe grisonne se teignent à l'aide d'un pigment venu d'Arabie, tout en rejetant les teintures modernes. Toute évolution au niveau des mœurs ou des pratiques devient suspecte d'hérésie.

Les exemples sont nombreux.

Le calendrier arabe est lunaire. Le principal inconvénient de ce dernier est qu'il ne correspond pas au rythme des saisons, c'est-à-dire à celui de la rotation de la Terre autour du Soleil. L'année lunaire compte environ trois cent cinquante-cinq jours. Chaque mois recule ainsi de dix jours par révolution terrestre, glissant à reculons de l'été vers le printemps, puis l'hiver et l'automne. Mais nos intégristes continuent à refuser le calendrier solaire.

Leur attitude devient franchement ridicule à propos du Ramadan, ce mois de jeûne que doivent observer les musulmans chaque jour, de l'aube au crépuscule.

La science astronomique permet depuis longtemps de calculer très précisément la date d'apparition de la nouvelle lune et par conséquent le début du mois sacré qui vit descendre les premiers versets du Coran. Il y a plus d'un avantage à pouvoir fixer à l'avance la première et la dernière journée d'abstinence, car les horaires de travail changent, comme nombre d'autres habitudes et le mode de consommation. De plus, la fin du Ramadan débouche sur l'Aïd, journée fériée. Les administrations et les entreprises ont besoin de prévenir leur personnel du jour de congé et de prendre les dispositions qui s'imposent.

Mais nos dogmatiques conservateurs s'obstinent à refuser les calculs de la science qui régit le mouvement des planètes. Ils persistent à vouloir constater de visu l'apparition du croissant et rejettent même l'usage du télescope. Ils tiennent à lever leur regard vers le ciel, même s'il est couvert de nuages, et la communauté musulmane tout entière attend l'oracle jusque fort tard dans la nuit.

Le même suspense se déroule à la fin du mois. Compte-t-il vingt-neuf ou trente jours ? Lendemain férié ou non ? Le directeur doit-il ou non faire préparer les matières premières pour la journée suivante ? Les conducteurs de camions seront-ils là pour livrer les produits finis ? Faut-il ou non prévoir des trains et des avions supplémentaires ? Pourra-t-on demain aller payer sa note d'électricité ? L'agence bancaire sera-t-elle ouverte ? Le boulanger doit-il préparer ses gâteaux ?

Le très nationaliste Boumediene avait réussi à imposer durant quelques années le calcul astronomique. Mais il lui fallut reculer sous la pression des bigots obscurantistes qui avançaient qu'en son omnipotence Dieu avait le droit et le pouvoir de bouleverser le cycle de l'univers par décision souveraine.

Les complications ne manquaient pas, car les scrutateurs de la voûte céleste ne percevaient notre unique satellite qu'à travers le filtre de leurs convictions. Cela donnait ainsi lieu à une superbe cacophonie, où certains, pour manifester leur opposition au pouvoir, mettaient leur point d'honneur à refuser de voir la corne que d'autres avaient perçue.

Le mois de Ramadan cristallise ainsi nombre d'archaïsmes.

Le texte édicte qu'il est interdit de boire et de manger de l'aube au crépuscule.

Qu'est-ce que l'aube, et qu'est-ce que le crépuscule si on récuse le traité de Copernic ?

Lorsque vous ne saurez plus distinguer un fil noir d'un fil blanc, telle est la réponse. Mon ancien professeur d'arabe avait beau jeu en nous faisant remarquer que tout dépendait de l'épaisseur des fils et de la distance qui les séparait de l'observateur.

De l'interdiction de s'alimenter ou de se désaltérer, on en est ainsi arrivé à celle de fumer. Pourtant, la cigarette était inconnue à l'époque du Prophète. Le malade ne peut avaler ses médicaments avant le coucher du soleil. Les femmes n'ont plus le droit de se maquiller ni de se parfumer. Celui qui souffre d'une rage de dents ne peut aller s'asseoir dans le fauteuil du dentiste. On en a aussi déduit qu'il n'était pas permis de se brosser les dents. On débouche ainsi sur des paradoxes, où l'interprétation littérale nie l'esprit du précepte. Pour commencer une journée de jeûne ou une des cinq prières, le croyant doit faire ses ablutions, afin de purifier son corps. Il lave son visage, ses membres, ses organes avec de l'eau. L'usage du savon est considéré comme illicite, alors qu'il est admis qu'il contribue à mieux nettoyer. Ainsi, s'il faut se rincer trois fois la bouche, on rejette l'usage du dentifrice et de la brosse à dents.

Chaque fois que les croyants interrogeaient leurs guides pour savoir si l'usage de telle ou telle commodité était licite, un « La Yadjouz » (Ce n'est pas permis) tombait comme un couperet. Les diabétiques reçoivent de leur médecin l'interdiction formelle de jeûner. Lorsque ces malades interrogent leurs imams, ces interprètes de la loi divine répondent : non. Parce que le verset du Coran édicte :

« Celui d'entre vous qui est malade ou qui voyage,
jeûnera ensuite un nombre égal de jours. »

Mais comme on ne sait pas encore guérir le diabète, nos subtils exégètes estiment que celui qui est atteint de ce mal incurable est donc dans l'obligation d'observer la règle, puisque autrement il ne pourrait jamais satisfaire au précepte. Ceux qui leur obéissent ne manquent pas de se retrouver à l'hôpital après une semaine.

Et pourtant, la suite du verset précise :

« Dieu veut la facilité pour vous,
il ne veut pas, pour vous, la contrainte. »

La règle divine précise que celui qui entreprend un voyage peut s'abstenir de jeûner. Mais qu'est-ce qu'un voyage ? Les docteurs de la foi estimèrent que cela correspondait à une journée à dos de chameau, ce qui représente cinquante kilomètres. Nos actuels prosélytes nous affirment donc qu'au-delà de cette distance les croyants ne sont pas tenus d'observer le jeûne. Les plus frustes de nos paysans rigolent en leur faisant observer qu'aujourd'hui, on peut franchir cette distance en une heure de train ou de voiture.

On en arrive à se demander dans quel monde vivent les intégristes. C'est une schizophrénie qui structure leur rapport au réel.

Il est certain que, si le Prophète avait vécu jusqu'à aujourd'hui, il aurait considérablement modifié ses lois. Il serait même le premier à renier ceux qui se réclament de lui, à dénoncer le retour de la barbarie.

Les prophètes de toutes les religions aiment s'exprimer par paraboles.

Et le Coran précise :

« Dieu ne répugne pas
à proposer en parabole un moucheron
ou quelque chose de plus relevé. »

Lorsque l'un d'eux dit qu'il faut couper la main du voleur, la langue du menteur, crever l'œil du faux témoin, faut-il appliquer à la lettre cette règle ? Ne convient-il pas plutôt de comprendre que chaque crime ou délit doit recevoir un châtiment proportionnel à la gravité de l'acte ?

Décapiter d'un coup d'épée un homme sur la place publique est non seulement barbare, mais malsain. S'il faut absolument condamner des êtres humains à la peine capitale – ce que l'on peut contester –, pourquoi procéder de la façon la plus violente, et pourquoi vouloir cultiver chez les gens leur instinct sanguinaire ?

FEMME ET SEXE EN ISLAM

Dieu est un homme

Si le programme des intégristes reste des plus flous, leur projet de société affiche clairement qu'il se bâtira contre les femmes. On peut s'interroger sur l'origine de cette hargne particulière.

La misogynie des trois grandes religions monothéistes est manifeste car elles ont puisé dans le même fonds mythologique. Cela peut être dû au fait que leurs prophètes eurent des problèmes avec le sexe. Moïse fut sans doute un enfant illégitime abandonné sur les eaux du Nil. Il n'y a pas lieu d'épiloguer sur la miraculeuse grossesse de Marie. Nous aborderons plus loin le cas de Mohammed.

Il reste que, chez les islamistes, la femme est l'objet d'une fixation obsessionnelle, comme le juif pour Hitler.

Elle est la source de tous les tourments. L'inadmissible est qu'elle ait un corps, objet des désirs et fantasmes masculins. Sa beauté devient une circonstance aggravante. Tout apprêt ou parure prend la forme d'une incitation intolérable. Chaque mâle voudrait les posséder toutes, et les garder toutes à lui. Il se préoccupera donc de la surveiller et de multiplier les règles et les interdits afin de contrôler sa sexualité.

L'imaginaire masculin fourmille d'anecdotes destinées à démontrer que la femme est lascive par essence et qu'elle ne refuse jamais de se donner et de tromper son mari.

Cette image de la femme nous vient d'un lointain passé. Mais cette réalité a été totalement occultée. A l'époque préislamique, les peuplades qui occupaient le centre de la presqu'île arabique vivaient sans lois et sans contraintes, uniquement soucieuses de jouir de tous les plaisirs de la vie. Fétichistes, ses habitants changeaient plus souvent de dieu que de *qamis*. Avec la chasse, leur sport favori consistait à razzier des caravanes de marchands qui transitaient à proximité et à se partager un butin qu'ils dilapidaient au cours d'agapes monstrueuses arrosées d'alcool de datte. Ils s'adonnaient surtout à une fornication débridée, avec leurs épouses, leurs esclaves, les filles de leurs esclaves, les veuves recueillies, et entretenaient parfois des relations incestueuses. Ils avaient le droit de violer toute femme rencontrée. Cette brève description, sans doute réductrice, n'en est pas moins exacte.

D'ailleurs, il faut bien constater que les actuels descendants de ces sybarites n'ont rien fait pour corriger cette déplorable image. Alors que la majorité de la population de la péninsule est soumise à un rigorisme peu amène, les émirs et autres privilégiés s'envolent souvent vers les pays qui ont décidé de créer le paradis sur terre. Ils y retrouvent, sans avoir à attendre de monter au ciel, les fleuves, non de miel, dont ils n'ont que faire, mais de whisky, et ces ravissantes houris promises aux croyants. Leur personnel domestique, venu d'Asie, est réduit à l'esclavage. Ils vont dans les pays de la misère acheter des fillettes pour les placer dans leur harem. Ils affectionnent Le Caire où ils peuvent sodomiser de jeunes garçons. Ils venaient en Algérie, même à l'époque de l'ombrageux Boumediene, pour s'adonner à la chasse aux gazelles, pourtant interdite. Leurs tout-terrain japonais et leurs armes sophistiquées ne laissaient aucune chance au gracile animal.

Tous les textes d'époque, et d'abord le Coran, attestent de ces mœurs licencieuses.

1. L'inceste

Ils n'étaient pas gratuits les versets du Livre qui précisent :

« Vous sont interdites :
vos mères, vos filles, vos sœurs,
vos tantes paternelles, vos tantes maternelles,
les filles de vos frères, les filles de vos sœurs », et ainsi de suite. L'énumération est longue. Si le Pro-

phète crut nécessaire de prohiber ce type de relations, c'est qu'elles se pratiquaient.

2. Les viols

L'abus des femmes par la force était si fréquent que même les épouses du Prophète n'échappaient pas aux agressions dans les rues. Le passage du Coran qui vint préciser qu'elles devaient être considérées comme les mères des croyants, et par conséquent à eux interdites, resta sans effet. Il fallut leur imposer le port du voile afin qu'elles soient reconnues et préservées des attentats à la pudeur. Si les femmes aristocrates bénéficièrent aussi du *jelbab* de protection, celles de condition inférieure et les esclaves demeurèrent des proies autorisées. Le Messager ne pouvait se permettre de changer brutalement les habitudes d'une population dont il n'ignorait par la versatilité. Elle risquait de lui retirer un soutien qui lui était indispensable pour affronter ses ennemis, car la sexualité était au centre des préoccupations des bédouins de la presqu'île.

Certains habitants de Médine osèrent même demander au Prophète s'ils avaient le droit de sodomiser leurs femmes contre leur gré. Ils eurent pour réponse un verset sibyllin qui évitait de les heurter :

« Vos femmes sont pour vous un champ de labour,

allez à votre champ comme vous le voudrez... »

Il est aisé de déduire dans quel sens les Médinois interprétèrent les paroles divines.

Mais, par la suite, cette phrase donna lieu à de nombreuses controverses. Les exégètes qui, après la mort du Messager, tentèrent de trancher le débat en vinrent à des descriptions si minutieuses des positions permises de l'amour qu'on croyait lire un traité de *Kâma-sûtra*. Le plus célèbre d'entre eux, Tabari, parvint, après un très long développement, à cette conclusion : « L'homme a le droit de prendre sa femme par-devant ou derrière, l'essentiel étant qu'il la pénètre par le vagin, puisque le terme de " champ à labourer " implique une idée de fécondité, impossible autrement. »

Le texte révélé tenta de réglementer et de moraliser quelque peu ces mœurs paillardes, non sans soulever de nombreuses et vives protestations. Certains décrets furent révolutionnaires pour l'époque et le lieu, comme celui qui édictait :

« O vous qui croyez,

Il ne vous est pas permis de recevoir des femmes en héritage. »

C'était la coutume dans cette région, on héritait des chamelles et des femmes des défunts. Cette loi faillit provoquer une révolte chez les mâles, mais le Prophète tint bon. Et, si par la suite d'autres versets vinrent préciser jusque dans les détails les droits de la femme – et leurs limites –, c'était justement pour éviter les interprétations restrictives. Si le Coran n'accorde à la fille que la moitié de la part du garçon, il faut relever qu'auparavant, elle n'était que part de la succession.

On doit constater que les règlements qu'édicta le Prophète, surtout lors de la première période de sa prédication, étaient du sceau de l'équité et du progrès. Ses fidèles se recrutaient alors parmi les déshérités et les marginaux. Après son installation à Médine et la conversion progressive à l'islam de ses habitants, Mohammed devint *ipso facto* le chef d'une communauté. Il eut à trancher les conflits qui naissaient en son sein et surtout à tenir compte des rapports de forces parmi les chefs de tribus et de clans ralliés et dont il craignait le manque de fidélité et la turbulence.

Vers la fin de sa vie, il se montra plus réceptif aux sollicitations contradictoires de ses femmes et de ses proches. Lorsque la très belle Oum Selma fit remarquer à son mari que Dieu ne parlait jamais que des hommes, on eut droit, peu de temps après, à une suite de versets :

« Les hommes soumis et les femmes soumises,
Les hommes croyants et les femmes croyantes... »

Si la hiérarchie était respectée, les femmes en tout cas étaient citées.

Omar, l'un des confidents du Prophète, tirait dans l'autre sens. Il était partisan de contraindre les femmes, y compris par la violence. Il obtint le décret suivant :

« Les hommes ont autorité sur les femmes.

...

Admonestez celles dont vous craignez l'infidélité,

reléguez-les dans leur chambre et frappez-les. »

Mohammed, tout prophète qu'il fût, n'échappa pas aux critiques des belliqueux bédouins, d'autant que certains de ses comportements ne furent pas irréprochables.

Il fit preuve, sur le tard, d'un appétit sexuel remarquable. Il faut néanmoins observer qu'il fut un époux modèle, d'une fidélité totale, jusqu'à la mort de sa première femme, pourtant de quinze ans son aînée et qui convolait avec lui en troisièmes noces. Il reste admis qu'elle fut une maîtresse femme. Héritière de la fortune d'un de ses précédents maris, elle fut sans doute aussi attirée par le charme du jeune homme. L'honnêteté proverbiale dont jouissait l'orphelin l'incita à lui confier la gestion de ses biens. Quels furent leurs rapports avant que ne survînt la révélation ? Il est certain en tout cas qu'elle joua un rôle majeur en rassurant le tremblant mari qui venait de recevoir la visite de l'archange Gabriel et qui ne parvenait pas à croire qu'il avait été choisi pour révéler le message divin.

Après la mort de Khadidja, il eut de nombreuses femmes et quelques problèmes conjugaux. Sur Aïcha, la plus jeune épouse et la préférée du Prophète, se répandit un soupçon d'adultère. Un jour, abandonnée par son escorte, elle fut ramenée au bivouac par un beau cavalier.

Une autre aventure de Mohammed continue à fonder le droit musulman actuel.

On se demande pourquoi l'adoption des enfants dits naturels est interdite en Islam. En vertu d'un verset du Coran qui déclare : « Vos enfants adoptifs ne sont pas vos fils. »

Comment ne pas faire la relation avec l'événement qui venait de se produire peu de temps auparavant ? Le Prophète, séduit par la femme de son fils adoptif Zaïd, contraignit moralement ce dernier à se séparer d'elle afin qu'il pût l'épouser. Cet événement engendra de cruels commentaires chez les habitants de Médine et provoqua une grave crise morale chez l'Envoyé. D'où le décret divin justifiant Mohammed et le lavant de l'accusation d'inceste.

A l'exception heureuse de la Tunisie, l'adoption est illégale en terre d'Islam. Pourtant, dans chacun de ces pays, des dizaines de milliers de couples, stériles ou non, souhaitent adopter un enfant. Des centaines de milliers de nourrissons sont confiés à des hospices. Mais les mères frustrées ne pourront pas ouvrir leurs bras à ces êtres fragiles qui se seraient épanouis dans l'affection d'un milieu familial.

J'ai eu à visiter en Algérie un certain nombre de ces établissements qui recueillent les enfants abandonnés. Les filles-mères qui viennent y accoucher sont bien entendu considérées comme des putains, et le petit personnel ne se prive pas d'abuser d'elles, peu d'heures avant, et peu de jours après la naissance du bébé. Les conditions de vie des nouveau-nés sont telles que la mortalité atteint 50 %, et que parmi les survivants 50 % deviennent débiles mentaux. Par crainte d'avoir à subir les assauts des puritains, ces centres n'osent afficher la moindre plaque. Des immeubles gris et anonymes couvent ces objets de honte.

J'ai lu les lettres de menaces que reçoit chaque jour le président d'une association en faveur de l'enfance abandonnée. Leur contenu est d'une telle abjection que j'en suis venu à contester l'appartenance au genre humain des auteurs de ces missives.

Le couple qui accueille un enfant n'a pas le droit de lui donner son nom parce qu'un autre verset stipule :

« Appelez ces enfants adoptifs du nom de leur père;

– ce sera plus juste auprès de Dieu –

mais, si vous ne connaissez pas leur père,

ils sont vos frères en religion,
ils sont vos clients. »

D'un verset qui s'achève en queue de poisson, les conservateurs musulmans n'ont retenu que l'interprétation restrictive. Comment l'inscrire sur le registre d'état civil, s'il est de père inconnu ?

Les bureaucrates qui gèrent les hospices où ces malheureux voient le jour eurent l'idée géniale de reprendre une pratique de l'administration coloniale française datant de la fin du XIXe siècle.

En 1896, lors du premier recensement de la population algérienne, les administrateurs chargés de l'opération se heurtèrent à une difficulté imprévue. Le nom patronymique n'existe pas dans la tradition musulmane. Un individu est identifié par son prénom, auquel on accole, pour le distinguer, ceux de ses ascendants ou descendants, son lieu natal ou un sobriquet. Ainsi le monarque koweïtien, devenu célèbre par la guerre du Golfe, était désigné alternativement par les médias occidentaux comme l'émir Sabeh et Jaber, alors que son nom est Cheikh Jaber El Ahmed El Sabeh.

Les fonctionnaires français embarrassés durent donc affubler ceux qui défilaient devant eux de noms fantaisistes. A court d'inventions, ils optèrent pour une superbe lapalissade : Sans Nom Patronymique, SNP en abrégé, furent ainsi dénommés les nouveaux ressortissants français. Nombre d'enfants abandonnés écopèrent donc des mêmes initiales. S'ils ont la chance de rejoindre un foyer, ils continueront à traîner ces trois lettres infamantes qui ne peuvent que les désigner à l'attention de leurs camarades de classe ou de rue. Nous le savons, « cet âge est sans pitié ».

Il est évident que les hommes utilisèrent le sacré pour légitimer leurs privilèges. En terre d'Islam, cela se fit de manière scandaleuse. On superposa les coutumes préexistantes, les dispositions coraniques et les interprétations restrictives pour limiter le droit des femmes au plus petit espace commun. Ainsi en Kabylie, la pratique qui déniait aux femmes toute part d'héritage continue à être appliquée jusqu'à aujourd'hui, en dépit des formelles prescriptions du texte révélé.

La législation coranique, qui réglementa, non sans contestations, la vie des habitants de Médine au VIIe siècle, se révéla très tôt insuffisante. Il y eut d'abord, dès la mort du Prophète, la fulgurante extension de l'Empire musulman, qui, en un peu plus d'un siècle, propagea le message divin, vers l'est jusqu'au Kazakhstan, et vers l'ouest jusqu'à Poitiers la française, en transitant par le détroit de Gibraltar, nom justement dérivé de Djebel Tarik, ce conquérant qui fut le premier à fouler le sol européen et dont la témérité légua une expression à la langue française. Après avoir franchi le détroit, il mit le feu à ses navires, en faisant remarquer à ses troupes qu'il ne leur restait plus qu'à affronter l'ennemi ou les flots de la mer. C'est ce qui s'appelle « brûler ses vaisseaux ».

Il y eut ensuite le très rapide décentrement du pouvoir, qui, abandonnant La Mecque et Médine, s'installa à Damas puis à Bagdad, où vivaient des populations dont les mœurs et coutumes n'avaient rien de commun avec celles de l'Arabie. Ces changements soulignèrent les lacunes des prescriptions divines. Il fallut alors recourir aux *hadiths*, c'est-à-dire aux faits et dires du Prophète afin de réglementer les cas sur lesquels le texte révélé restait muet. Il était admis que l'Envoyé représentait le parangon du droit, et que ses actes et propos constituaient les plus incontestables sources d'inspiration.

Mais, disparu le messager de Dieu, fourmillèrent les anecdotes rapportées. Celui qui avait maille à partir avec la justice, le criminel, le voleur, le menteur, le satyre, invoquait pour sa défense telle phrase ou tel acte de Mohammed.

Dans son livre, *Le Harem politique* [1], Fatima Mernissi démonte magistralement, après une patiente recherche documentaire, l'un des plus fameux *hadiths* qui dit : « Ne connaîtra jamais la prospérité le peuple qui confie ses affaires à une femme. » Elle s'en va donc enquêter sur la vie de

1. Éditions Albin Michel.

l'auteur de l'affirmation prêtée au Prophète, et démontrer que le personnage ne songeait qu'à préserver des intérêts personnels, en assurant avoir entendu de tels propos.

Si, durant l'âge d'or de la civilisation arabo-islamique, les règles furent appliquées avec une tolérance remarquable, dès les premiers signes du déclin, les « docteurs de la foi » revinrent vers des positions plus conservatrices.

Ainsi toutes les législations actuelles des pays musulmans reprennent les prescriptions les plus conservatrices. C'est que leurs dirigeants, monarques héritiers d'un pouvoir dynastique ou militaires auteurs d'un putsch, souffrent d'un manque de légitimité et veillent à éviter d'être débordés d'un côté ou de l'autre.

L'un des plus beaux exemples est celui de l'Algérie.

En 1962, le nouvel État indépendant se trouve devant un vide juridique total. Les dirigeants prennent alors la sage décision de reconduire les lois françaises, dans la mesure où leur contenu ne portait pas atteinte à la souveraineté nationale. Ainsi, jusqu'en 1984 l'Algérie fut régie par une législation laïque et égalitaire, sans aucune discrimination de sexe. Ce fut le seul pays musulman où l'on pouvait se marier civilement. Mais les contradictions entre droit français et droit musulman placèrent les juges dans une situation impossible, puisque, selon un article du Code civil, ils devaient trancher les conflits sur la base de la Loi et du droit musulman.

La nécessité de promulguer un Code de la famille, définissant les droits des membres d'un couple et les dévolutions successorales, se faisait urgente. La première mouture concoctée en 1966 était si scandaleuse que Boumediene refusa d'en tenir compte. En 1972, une seconde version connut la même fin de non-recevoir. En 1984, Chadli, dont l'inconséquence est devenue notoire, et qui, comme nous le verrons, avait des gages à fournir aux intégristes, accepta de signer une loi encore plus rétrograde.

Ce triste texte a non seulement entériné les dispositions islamiques les plus restrictives concernant la femme, mais les a complétées de plusieurs mesures révoltantes.

Ainsi une femme divorcée, même si elle a la garde des enfants, ne peut prétendre à son maintien dans le logis conjugal. Cette disposition peut paraître bénigne, mais en Algérie la crise du logement est telle qu'il est impossible d'obtenir un appartement avant dix ans d'attente. Pour une femme, souvent démunie, sans métier et encombrée d'enfants, cela relève du miracle. Sa seule ressource sera de retourner chez ses parents.

Tacitement blâmée de n'avoir pas su garder son mari, elle sera accueillie comme une pestiférée. Désormais dépourvue de statut et d'avenir, elle deviendra la bonne de ceux qui vivent encore sous le même toit. Il n'est pas exclu qu'un frère cadet porte la main sur elle au prétexte d'une chemise mal repassée. Il lui faudra parfois, durant la nuit, consentir, en faisant mine de continuer à dormir, à se laisser prendre par celui qui l'a battue. Certaines s'enfuient et se retrouvent la proie des proxénètes. D'autres, pour éviter d'éprouver l'opprobre familial, en arrivent à accepter une situation d'esclave et à se soumettre aux plus folles lubies du satyre avec lequel il leur faut continuer de vivre.

Le mari, qui dispose du logis, est libre de convoler en secondes noces.

Il est certain en tout cas que le Prophète n'avait pas prévu ce cas et que l'on doit considérer cette lamentable innovation comme un abus de droit des mâles qui eurent à rédiger le texte.

La barbarie, c'est vouloir réduire les femmes à une condition infra-humaine.

La question sexuelle reste l'un des fondements du projet islamique. Contraints au réalisme, les intégristes accepteraient d'accommoder nombre de leurs principes : l'impôt, le taux d'intérêt des crédits, les droits de douane et autres formes de restrictions commerciales, peut-être même l'interdiction de la consommation d'alcool, mais certainement pas le sort promis à la femme.

Le 26 mai 1991 débute en Algérie une grève générale illimitée, dont le caractère insurrectionnel est clairement proclamé par Abassi Madani, le leader des intégristes algériens, par le sacro-saint, officiel et unique canal de la chaîne de télévision. Cette action a été décidée pour protester contre le nouveau découpage électoral adopté par l'Assemblée et considéré comme truqué.

Cela n'était pas faux. Les députés FLN s'étaient concocté des circonscriptions à leur exacte mesure.

Pour faire meilleur poids dans la balance et galvaniser leurs troupes, les intégristes réclament aussi la démission du Président, figure emblématique d'un pouvoir par eux honni, et dénoncé comme illégitime.

Dès le premier jour la grève s'annonce comme un échec retentissant. Les prosélytes de la république islamique venaient de commettre une grave erreur. Les Algériens, quelles que soient leurs idées, affrontent tant de difficultés quotidiennes qu'ils n'ont guère envie de les voir s'aggraver. Le vendredi et les jours fériés, dans les grandes villes, tous les magasins sont fermés. Il faut s'aligner avant 7 heures du matin devant les boulangeries pour espérer bénéficier de quelques baguettes de pain. Les rares bouchers ouverts vous refilent une viande plus que douteuse. En suivant le mot d'ordre, les citadins auraient rendu invivable leur propre quotidien.

Les initiateurs de la grève se rendent vite compte de leur bévue. Ils décident alors de lancer leurs troupes dans les rues, dans l'intention de provoquer des émeutes. Plusieurs affrontements avec les forces de l'ordre ont lieu à Alger. A l'issue d'une négociation secrète avec le gouvernement, ils acceptent de retirer leur mot d'ordre de grève illimitée contre la permission d'occuper plusieurs places publiques. Incroyable compromission des dirigeants qui concèdent à des émeutiers le droit de bafouer l'ordre public !

Les brigades anti-émeutes qui encerclent ces lieux semblent plutôt protéger les manifestants. On voyait même certains barbus aider la police à détourner la circulation. Mais, au fil des jours, des nervis fanatisés prennent du cœur au ventre et se montrent de plus en plus agressifs face à des policiers qui ne disposent que de fusils lance-grenades. L'efficacité de ces armes est dérisoire dans une ville bâtie à flanc de montagne, où fourmillent les escaliers. Il suffit de gravir ou descendre quelques marches pour échapper aux fumées délétères. Les agents assistaient donc, au bout de quelques minutes, au nouveau flux de ceux dont ils tentaient de contenir les assauts.

Je peux en témoigner, pour avoir respiré la fumée de plusieurs grenades qui ne m'étaient pas adressées. Elles n'étaient pas non plus destinées à faire pleurer les ménagères qui revenaient de leurs courses, ni à faire suffoquer les godelureaux qui attendaient leurs amoureuses. Ceux qui voulaient en découdre avaient pris leurs précautions. Ils s'étaient équipés de mouchoirs et de bouteilles de vinaigre censé atténuer l'irritation des poumons.

La place du 1er-mai fut un des lieux concédés. C'est un des rares quartiers plats d'Alger. Les grenades lacrymogènes incommodaient plus les habitants des immeubles voisins que les protestataires. Plusieurs enfants et vieilles femmes éprouvèrent des troubles respiratoires. Afin d'éviter de se mettre à dos la population, les intégristes organisèrent un service d'urgence pour les secourir, puis estimèrent que, pour plus d'efficacité, il leur fallait prendre le contrôle de l'hôpital Mustapha, situé à quelques dizaines de mètres de là.

Les médecins qui se présentèrent le lendemain furent étonnés d'avoir à exhiber leurs cartes. Mais les cerbères postés à l'entrée se montrèrent intraitables.

L'un de mes amis, gynécologue, n'aimait pas se raser. Il put donc rejoindre son bureau sans difficulté. Mais, dans le cagibi qu'on lui avait alloué, il vit, occupant sa vieille chaise, le planton chargé de filtrer les entrées.

Il n'en fit pas un drame. En Algérie, un égalitarisme de vieil héritage est censé adoucir les différences sociales.

Si par miracle le taxi que vous avez hélé s'arrête, ne vous avisez pas de vous installer à l'arrière de la voiture. Ce serait une insulte. Si une secrétaire s'absente sans prévenir durant plusieurs semaines, le directeur devra l'accueillir avec joie. Ne refusez pas la cigarette demandée au garçon qui vient de vous servir votre café.

En conséquence, dans un hôpital, un médecin est d'abord au service des agents, puis des femmes de salle, puis des infirmiers, puis, éventuellement, des malades...

En constatant que sa place était prise, le gynécologue s'abstint de toute remarque et se mit à lire les instructions que le médecin de garde lui avait laissées.

En entrant dans le pavillon des parturientes, il fut étonné d'être suivi par le factotum. Il lui fit gentiment remarquer que seuls les médecins et les infirmiers avaient droit d'accès dans un lieu où les femmes donnaient jour à de beaux enfants.

L'homme, qui s'était doté d'un brassard vert, lui révéla qu'il venait d'être promu chef de pavillon. Il ajouta qu'il n'ignorait pas que des femmes non mariées y accouchaient, mêlées aux autres parturientes, afin que nul ne soupçonnât leur méfait. Il allait donc, lui, exiger que chaque femme exhibât son certificat de mariage. Les médecins surent faire patienter ce gardien de la morale en lui faisant valoir qu'une femme prise de douleurs ne songeait pas en premier lieu à emporter ce document.

Je sais que le médecin et ses patientes furent soulagés en découvrant au matin les chars qui encerclaient l'hôpital.

Le *hidjab* est une invention géniale car il illustre la conception qu'ont les intégristes de la relation de couple. Ses larges plis, qui occultent les formes de la femme, découragent toute entreprise de séduction. Il procure surtout une formidable sérénité aux disgracieuses, grosses ou difformes, puisque l'ample tunique cèle les défauts de l'une et les attraits de sa rivale. Le voile est destiné à inhiber le désir masculin. Leur corps occulté, les femmes se retrouvent interchangeables, réduites à leur organe génital. On parvient ainsi à refréner l'émergence de tout sentiment amoureux et à rabaisser l'acte sexuel au niveau d'un besoin trivial. On fait l'amour comme on va aux toilettes.

On comprend que nos jeunes gens acceptent de laisser leurs parents décider du choix de leur future compagne. De toute façon, garçons et filles vivant séparés, ils ne peuvent se rencontrer et s'éprendre.

En vérité, chaque jouvenceau a été amoureux d'une de ses cousines, seules filles qu'il lui était permis d'approcher mais qui lui restaient interdites. O ces fantasmes d'adolescents! Elle et lui se marieront sur injonction familiale, l'un et l'autre indifférents à leur partenaire. Ils procréeront par simple effet biologique. Ils continueront à rêver de folles étreintes, et peut-être parfois les éprouveront furtivement au coin le plus sombre d'un couloir, au cours d'une cérémonie de circoncision ou de mariage qui leur aura fourni l'occasion de se revoir.

CULTURE

L'art ou la foi

Comme tous les mouvements populistes, l'intégrisme est ennemi des intellectuels et de la culture. Son discours fait appel à la passion plutôt qu'à la raison, à l'instinct plutôt qu'à l'intelligence.

Les intégristes professent qu'il faut refuser l'art au profit de la foi. Toute activité intellectuelle doit se consacrer à l'approfondissement de la connaissance du message divin. Toute forme de création est taxée d'hérétique parce qu'elle est perçue comme faisant une coupable concurrence à Dieu. Le projet islamique se propose donc explicitement d'étouffer toutes les formes d'expression artistique : littérature, théâtre, musique, et bien entendu peinture. Même les chants religieux, pourtant voués à la gloire du Prophète et de l'islam, provoquent des réticences parce qu'ils s'accompagnent de quelques monotones accords de luth. Ne trouvent grâce à leurs yeux que quelques formes artistiques dégradées, comme la calligraphie, à la condition qu'elle reprenne des versets saints, ou l'arabesque, pour décorer les murs et les plafonds des mosquées. Dans les maisons de Dieu, les couleurs mêmes sont refusées, à l'exception du vert, bien entendu. Le drapeau national algérien est contesté parce qu'il s'orne d'un croissant et d'une étoile rouges. Il fut quelquefois brûlé.

En ce domaine comme en d'autres, les Algériens ont eu un avant-goût du projet islamiste après les élections municipales de juin 1990 où le FIS remporta 65 % des mairies. Les crédits des centres culturels furent transférés au profit d'associations religieuses, et certaines de celles-ci héritèrent même des locaux désaffectés pour un dinar symbolique. D'autres lieux d'expression furent fermés sous prétexte de travaux de rénovation. Pour les établissements ne dépendant pas de la mairie, on fit établir par la Commission d'hygiène et de sécurité des procès-verbaux signalant les multiples vices et défauts de la construction, en vue de décréter leur cessation d'activité. *Last but not least,* un édile imposa *manu militari* la fermeture de la cinémathèque de la ville, qui relevait pourtant d'un organisme central. Lorsque les intellectuels rameutés s'en furent protester, ils se heurtèrent à une masse compacte de barbus armés de manches de pioches et de barres de fer. A Alger même, les soirées de gala ne pouvaient plus se tenir que sous la protection des forces anti-émeutes et donnaient souvent lieu à des échauffourées qui opposaient les policiers aux agresseurs des mélomanes. A Oran, le festival de la chanson Raï fut sournoisement torpillé.

Le sport lui-même, y compris le football, pourtant immensément populaire, ne trouve pas grâce aux yeux des intégristes. Contrôlant les APW (Conseils régionaux) ils annulèrent plusieurs projets de construction de stades. Face aux protestations, ils affirmèrent qu'ils souhaitaient affecter ces fonds à la construction de logements afin d'accueillir les millions de familles qui croupissaient dans les bidonvilles. Redoutable argument, car ceux qui vibraient sur les gradins venaient majoritairement de ces lieux insalubres. Comment expliquer à ces mal-lotis qu'en tout état de cause les entreprises de bâtiment, publiques ou privées, ne parvenaient même pas à réaliser les programmes sur lesquels elles s'étaient engagées par contrat ?

Si, après quelques mésaventures, les islamistes se virent contraints de respecter le tabou sportif, ils n'admirent pas pour autant de voir des filles s'exposer dans des stades. Hassiba Boulmerka, unique championne du monde algérienne, fut blâmée d'avoir montré ses cuisses à des centaines de millions de téléspectateurs lors des derniers jeux de Tokyo.

Je garde en mémoire des images ubuesques. Une sœur musulmane institutrice, emmitouflée dans son *hidjab,* en train de donner à ses élèves le cours d'exercice physique, obligatoire. Réfugiée dans un coin de la cour, elle ordonne aux enfants de courir, sauter, s'accroupir, lever ou baisser les bras sans qu'elle esquisse elle-même le moindre geste de démonstration. Son immobilité exprimait le refus d'assumer son corps.

Les sciences humaines restent globalement suspectes à leurs yeux. A l'université, elles se sont transformées en cours de propagande islamique. Les étudiants qui se consacrent à ces disciplines n'entendront jamais parler de Darwin, de Freud, d'Auguste Comte, encore moins de Marx, à moins qu'il ne s'agisse de pourfendre leurs théories. Ibn Khaldoun lui-même, père de la sociologie, n'y est guère en odeur de sainteté.

La biologie, la médecine et surtout la chirurgie suscitent des réticences, parce que susceptibles d'ouvrir la porte aux démons du matérialisme.

Qu'ils soient émules de Marx ou de Keynes, les professeurs d'économie se voient opposer la théorie islamique, sans jamais être parvenus à obtenir de leurs contradicteurs l'énoncé des principes fondamentaux de cette nouvelle branche scientifique. En fait, leur vulgate économique se réduit à deux points de détail :

1. Le taux d'intérêt des prêts est illicite.

2. En dehors de la *Zakat*, tout autre impôt est prohibé.

Dans le monde où nous vivons, il ne paraît guère utile de souligner l'inanité de tels préceptes.

L'Algérie surendettée peut-elle se permettre de défier le Fonds monétaire international en refusant d'assurer le service de la dette ? Pourrait-elle supporter le boycott des banques internationales, elle qui importe les deux tiers de ses produits alimentaires ? Qui accepterait de lui fournir les crédits dont elle a un urgent besoin ?

On ne manquera pas de rétorquer que les très puritains régimes du Golfe se sont fort bien accommodés du système financier international et qu'ils savent même l'utiliser à leur profit. Cela est vrai. Ce n'est pas sur ce détail que se jouera le sort d'un État islamique.

Tout en se vouant à Dieu, les intégristes ne perdent pas pour autant le sens de leurs intérêts. Lorsque le Trésor algérien émit des bons convertibles en devises, porteurs ou non d'intérêts, les islamistes qui les achetèrent choisirent tous la première formule.

La *Zakat* islamique consiste à imposer uniformément, à hauteur de 10 % de leurs revenus, les ménages. Les entreprises, personnes morales, en seraient exemptes. Il est bien clair que ce seul prélèvement ne saurait subvenir aux dépenses d'un

État moderne qui doit assurer le salaire de ses agents, le fonctionnement du secteur éducatif et celui de la santé publique, ainsi que les investissements d'infrastructure, routes, voies ferrées, ports, etc.

En ce domaine aussi, les islamistes adopteront leurs principes.

Mais la question était de savoir ce que pouvait signifier le terme d' « économie islamique ».

Ainsi, nombre de leurs idées ne résistent pas à un examen sérieux. Leur mise en avant participe davantage d'une attitude de refus du système existant qu'elle ne constitue une crédible solution alternative.

Restent les sciences exactes, supposées neutres, vers lesquelles s'orientent de préférence leurs affidés. L'informatique est très prisée. Lorsqu'ils voient sur l'écran de l'ordinateur s'inscrire nos lettres arabes, ils sont convaincus que la langue du Coran est entrée dans la modernité, ignorant que ce n'est que l'effet d'un logiciel conçu aux États-Unis avec la collaboration d'émigrés libanais.

Si prestigieuse qu'elle soit, la science reste soumise au primat religieux. Dans les universités algériennes, lorsque retentit l'appel du muezzin, plusieurs gradins d'amphis se vident. Les étudiants qui tiennent à accomplir leur prière perdront vingt minutes de cours, à moins que le professeur ne soit de leur bord, auquel cas il n'hésitera pas à les rejoindre, privant les présents du même temps d'enseignement. Dans certaines facultés, les islamistes sont assurés de leur réussite aux examens, quelles que soient les notes obtenues. Tout enseignant qui s'aviserait de les recaler se verrait aussitôt taxé de mécréant, car il aurait fait prévaloir les calculs de résistance des matériaux sur l'omnipotence divine qui peut faire tenir un immeuble dont les piliers ont été sous-dimensionnés ou provoquer l'écroulement d'un pont construit selon les normes requises.

La religion a ainsi fini par investir tous les lieux de l'espace social, du culturel au scientifique.

En ce cas, la barbarie n'est jamais loin. Ni l'inquisition et les bûchers. Les hommes de culture auraient été les premières victimes de ces souffles ravageurs.

ISLAMO-DOLLARS

Une manne céleste

C'est la maîtrise d'une très singulière « route commerciale » qui permet de faire fructifier les fonds secrets du mouvement intégriste algérien.

« Trabendo » est une expression tirée du nouveau pataouète que parlent les Algériens, constitué d'un curieux amalgame d'expressions arabes, françaises, berbères et de suaves néologismes.

En Algérie le « trabendo » règne partout. Inutile de chercher des cigarettes dans les kiosques de tabac. En revanche, juste en face, et au double de leur prix officiel, toutes les marques sont disponibles sur les étals en carton des petits garçons qui ne trouvent pas rentable d'aller à l'école.

Des hommes et des femmes passent leurs journées devant les portes des supermarchés d'État, espérant la mise en vente de quelque produit absent du marché. Les téléviseurs achetés sont revendus par leurs acquéreurs à la sortie du magasin. Les réfrigérateurs sont aussi très recherchés.

Ils sont fabriqués, mais en quantité nettement insuffisante, à l'usine de Tizi Ouzou. Le directeur de cette entreprise est un homme très avisé. Comme la réglementation ne lui permet pas d'apaiser la grogne de ses ouvriers en leur accordant une augmentation de salaire, il a eu l'idée de leur vendre périodiquement un certain quota de produits électroménagers. Les heureux prolétaires s'en vont à l'entrée de l'usine les proposer à des clients qui n'ont pas la patience de s'inscrire sur une liste et d'attendre deux ans avant d'être servis. C'est ainsi que le parking s'est transformé en souk. Ce prévenant directeur a même été jusqu'à mettre à la disposition de ses employés des chariots pour leur faciliter le transport des appareils destinés à être proposés à l'encan.

Mais il existe une seconde catégorie de « trabendo », beaucoup plus rentable. Il s'agit d'aller à l'étranger s'approvisionner en marchandises introuvables sur le marché local. Ces touristes très spéciaux choisissent les destinations les plus proches, afin de réduire le prix du billet d'avion. Ils se dirigeront sur Barcelone, Marseille ou Rome. Ils rapportent de tout dans leurs énormes valises : des habits, des lames de rasoir, des bas, des pneus, et divers gadgets. On retrouve ces produits dans nos rues en moyenne à quinze fois leur prix d'acquisition. Le calcul du profit réalisé est simple, le dinar algérien se négociant sur le marché parallèle des changes pour un septième de franc.

Première conséquence : les vols sur ces destinations sont complets à longueur d'année, et il est impératif de réserver sa place deux mois à l'avance.

Deuxième conséquence : les classes première ou affaires sont les plus demandées. Rassurez-vous, s'ils ont la bosse du commerce, nos trafiquants n'ont pas encore acquis le goût du luxe. C'est tout simplement parce que en première ils ont droit à trente kilos de bagages au lieu de vingt. Comme ils reviennent toujours plus chargés que des baudets, ils ont fait leurs calculs. La différence de prix entre les deux compartiments est largement inférieure à la somme à payer pour dix kilos d'excédent de bagages.

Troisième conséquence : s'il vous arrive d'aller en Algérie pour peu de jours et que vous ne soyez muni que d'une toute petite valise, ne vous étonnez pas d'être abordé devant le comptoir d'enregistrement, parfois par une jolie femme. Ne vous faites pas d'illusion sur votre charme. Les Algériennes sont réputées farouches et méritent l'épithète. Elles ne sont en fait attirées que par la possibilité de vous faire prendre en charge un ou deux lourds colis, afin de diminuer le montant du supplément à acquitter.

Quatrième conséquence : il vous sera difficile d'approcher du comptoir d'enregistrement, car une nuée de colis en interdisent l'accès. Les trabendistes se déplacent par groupes de quatre à cinq. Vous les remarquerez occupés à transférer d'un sac vers l'autre divers paquets. C'est qu'il leur faut estimer au plus juste le poids de leurs bagages afin d'éviter de trop payer d'excédent. Les valises sont bannies, car elles leur feraient perdre les précieuses centaines de grammes de leur poids. Ils se délestent de tout superflu, boîtes à chaussures, sachets, abandonnés à même le sol.

Cinquième conséquence : une fois embarqué, ne vous étonnez pas de ne trouver aucun espace libre dans les coffres qui menacent votre crâne. Le seul bagage à main auquel ils ont droit pèse ses cinquante kilos.

Ces échanges ne se déroulent pas à sens unique. On exporte aussi des produits. Les Algériens qui voyagent à l'étranger ne peuvent pas disposer de devises. Alors ils s'arrangent pour avoir de quoi régler leurs nombreux achats de leur séjour. Ils s'envolent lourdement pourvus de produits faciles à négocier à l'extérieur. Il y eut d'abord les cigarettes américaines fabriquées sous licence. Là, le calcul devient plus compliqué. Acquises à deux fois leur prix officiel en dinars, elles étaient revendues à la moitié de leur prix à l'étranger. Mais ce négoce n'est plus rentable depuis les dernières augmentations de prix. On s'est par la suite rabattu sur le café.

Les éditeurs français qui participèrent à la foire

du livre d'Alger se montrèrent effarés et ravis au spectacle de la folle ruée des visiteurs vers leurs stands. Il fallut des gendarmes munis de matraques pour éviter que la manifestation ne tournât à l'émeute. Les gens achetaient sans compter et choisissaient toujours les ouvrages les plus chers. Les dictionnaires et les encyclopédies disparaissaient dans les premières heures. Ces éditeurs furent impressionnés par l'incroyable rage de lire des Algériens. Ils ignoraient que leurs beaux ouvrages ne tardaient pas à repartir pour la France où ils se négociaient, contre des francs lourds, chez les bouquinistes qui bordent la Seine.

Débarquant à Alger, nos singuliers voyageurs n'ont cure des douaniers qui ouvrent leurs bagages. Ils protestent par principe, puis s'acquittent sans sourciller des droits exigés, toujours faramineux. Ils ont même parfois l'outrecuidance de préciser au fonctionnaire des Finances qui les taxe que son geste alimente l'inflation, puisqu'ils vont être obligés d'augmenter leurs prix de revente afin de récupérer la dîme perçue. On ne rechigne pas à utiliser pour cette contrebande de vieilles dames dont les supplications et les pleurnicheries sont plus à même d'émouvoir les agents du Trésor.

C'est ce système d'échanges qui permet aux dentistes de se procurer les produits indispensables à l'exercice de leur métier, aux mâles adultes, hors les intégristes, de se raser tous les matins en dépit d'une pénurie de lames qui dure depuis plus de quinze ans, aux malades de se procurer le médicament prescrit, aux automobilistes d'acquérir la pièce nécessaire à la réparation de leur voiture.

Le Ramadan est certes un mois de jeûne, mais surtout de bombance nocturne. Les dîners se transforment en interminables agapes. On y consomme force sucreries orientales, à base d'amandes et de cacahuètes. Mais ces indispensables composants sont malheureusement introuvables. Nos nouveaux caravaniers se proposent de les fournir. La jeune fille de vingt ans, attentive à elle comme toujours à cet âge, a besoin de lingerie fine, et y mettra le prix, quitte à y laisser la totalité de sa bourse d'étudiante ou de son salaire, car le sous-vêtement de fabrication nationale est d'une grossièreté à rebuter la plus fruste des paysannes. Les mères des futures mariées dépensent une fortune dans ces nombreux accessoires dont doit se doter une fiancée, sous peine de déshonneur.

Le Front islamique du salut s'est tôt avisé de contrôler une partie de ce trafic. Les aides de l'Arabie Saoudite et des autres pays du Golfe, de la Libye, de l'Iran, versées en bons dollars par le biais de diverses banques islamiques, ligues et associations religieuses, atterrissent dans des banques installées en Europe, principalement en France, en Italie, en Espagne et en Belgique. Les trabendistes, recrutés parmi les chômeurs des grandes villes, se voient avancer le montant du billet d'avion et surtout le pécule en devises nécessaire à l'obtention du visa. Comment ne seraient-ils pas tentés ? Parvenus dans les villes européennes, ils sont hébergés et pris en charge par un correspondant qui leur alloue un montant supplémentaire. Ils vont faire leurs courses et, après deux ou trois jours, rejoignent l'aéroport d'embarquement. On leur ajoute parfois des produits préalablement acquis, commandes de commerçants algériens qui répugnent à se déplacer et qui se verront livrés à domicile. Ces derniers sont, bien entendu, les alliés objectifs du FIS. Comment ne pourraient-ils pas soutenir ceux qui proposent la liberté de commerce et la fin de la réglementation des prix, eux qui ont eu à subir durant trois décennies les contrôles soupçonneux des agents de l'administration des Finances ?

La marchandise liquidée, commanditaires et agents font les comptes et se partagent les bénéfices, tous frais et avances déduits. Ceux-ci, la pompe réamorcée, sont réinvestis dans d'autres activités tout aussi lucratives, mais orientées vers les prosélytes et sympathisants : cassettes audio et vidéo de prêches célèbres, autocollants et badges reproduisant des versets coraniques, posters d'imams, livres d'initiation à la prière, au pèlerinage, éditions du Coran, des *hadiths*, des commentaires.

Ce faisant, il échoit ainsi entre les mains des intégristes un fabuleux pactole. Il faut bien admettre qu'ils l'ont utilisé très judicieusement, ce qui ne pouvait que souligner l'incurie du pouvoir établi.

Ils surent porter secours aux sinistrés, victimes de séismes ou d'inondations, aux sans-logis qui virent le plafond et les murs de leur maison vétuste s'effondrer sur eux, aux chômeurs qui, à la veille de l'Aïd el-Kebir, ne pouvaient offrir à leurs enfants le mouton à égorger en commémoration du sacrifice d'Abraham, aux hospitalisés abandonnés par leurs parents.

On peut se demander pourquoi l'Arabie Saoudite finance ces mouvements qui sont susceptibles de se retourner contre elle, comme dans le cas iranien ou durant la guerre du Golfe.

L'explication réside dans la nature du régime saoudien.

L'Empire musulman connut, dès la mort du Prophète en 632, une fulgurante extension. Mais son centre de rayonnement va très tôt se déplacer vers Damas, Bagdad, puis Cordoue en Espagne et enfin vers la Turquie. La péninsule qui fut le berceau de l'Envoyé se retrouvera rapidement marginalisée. Seuls ses deux Lieux saints rappelleront le pays qui servit de berceau à la prophétie.

Le rêve d'Abdelaziz Ibn Saoud, le léopard, était de redonner à l'Arabie le rôle hégémonique dont elle n'aurait jamais dû se départir. En 1921, l'émir du Nejd partit à la conquête des Lieux saints, alors contrôlés par la dynastie hachémite, sous la houlette anglaise. Il réussit à chasser les aïeux de l'actuel roi Hussein de Jordanie. Après avoir soumis les tribus de la région, il fonda en 1932 le royaume qui porte son nom, et y appliqua les conceptions ultra-puritaines d'un autre prédicateur, Mohammed Ibn Abd El Wahab. Le Coran tient lieu de constitution dans cette monarchie islamique, et le droit canon y est strictement appliqué. C'est sur la place publique que le sabre du bourreau décapite les criminels. Il n'y a ni Parlement ni élections, et les postes importants du gouvernement sont tous détenus par des frères ou des proches parents du roi.

Les successeurs d'Abdelaziz, comblé de trente-six fils, eurent d'autant plus à cœur de poursuivre l'ambition paternelle qu'on assistait au Proche-Orient à l'émergence concomitante de l'idéologie panarabe. Laïque et progressiste, elle séduisait nombre de pays arabes qui venaient d'accéder à l'indépendance. Nasser, après la nationalisation du canal de Suez en 1956, devint le porte-drapeau de cette aspiration à une renaissance arabe dans la modernité. Cette dernière fut confortée par le mouvement des non-alignés qui se réunit à Bandoung.

Le prestige croissant du Raïs, la puissance de son armée, ne pouvaient qu'inquiéter un pays qui prétendait au *leadership* arabe et islamique. Nasser envoya son armée au Yémen dans le dessein évident d'intimider le voisin du nord.

L'apparition de ce dangereux rival rendait plus urgente la nécessité de contrer les mouvements modernistes et laïcisants qui élargissaient leur influence. Les dirigeants saoudiens, se proclamant champions de l'islam, se mirent à faire feu de tout bois. En 1962, sera créée la Ligue islamique mondiale, et sept ans plus tard l'Organisation de la Conférence islamique. L'argent du pétrole, qui commence à affluer, va irriguer le réseau de cette internationale islamiste.

La défaite de l'Égypte face à Israël en 1967 marque le début du déclin du mouvement panarabe. La plus forte armée arabe est brisée matériellement et moralement. Le prestige du Raïs est ruiné. Son pays croule sous le poids d'une dette et d'une démographie insupportables. Nasser disparut et le « pâle » Sadate qui lui succéda ne possédait aucune des qualités qui auraient pu faire de lui le guide charismatique.

L'opulente Arabie ramassa un étendard que nul autre pays musulman ne pouvait plus brandir.

Afin de se rallier les faveurs des dirigeants encore réticents, elle s'offrit le luxe de financer la guerre israélo-arabe d'octobre 1973. Son *leadership* sur le monde arabo-musulman devint incontestable. Ainsi se trouva réalisé le rêve du fondateur du royaume.

Mais ce prosélytisme international peut se retourner contre ses initiateurs. Bien que chiite, Khomeyni bénéficia de l'agissante sympathie des Saoudiens qui jugeaient le régime du shah trop agnostique. On sait que le virulent guide de la révolution islamique d'Iran ne devait pas tarder à contester le droit des descendants d'Abdelaziz à « garder » les Lieux saints de l'islam. On a vu les dirigeants du FIS algérien abandonner, trahir leurs financiers lors de la guerre du Golfe pour ne pas se couper d'une base dont le cœur vibrait pour Saddam Hussein. Il est certain que, parvenus au pouvoir, les intégristes d'Alger n'auraient pas manqué de cultiver les différences qui les distinguent de l'obédience wahabite en faveur dans la péninsule, ne serait-ce que pour conforter leur légitimité face à des tuteurs financiers qui restent fort mal perçus dans un Maghreb malékite.

Cette politique ne pouvait que lui susciter des rivaux. Même si la source des islamo-dollars s'est tarie désormais, il reste que beaucoup de mal a été fait. Les organisations islamistes se sont consolidées et peuvent se passer du financement saoudien. On assiste même à un effet boomerang : la contestation est en train de se développer dans le royaume wahabite lui-même, où les radicaux dénoncent la présence des troupes américaines sur le sol sacré qui donna jour au Prophète. Les islamistes locaux affectionnent ce verset du Coran :

« Lorsque les rois s'emparent d'une cité, ils y sèment la corruption et avilissent les plus fiers de ses fils. »

II

Les partenaires de l'intégrisme

POUVOIR ET INTÉGRISME

De la mégalomanie à l'inconscience

Pourquoi le pays arabe le plus occidentalisé a-t-il failli basculer dans l'archaïsme? Quel a été le rôle des tenants du pouvoir algérien dans la montée du mouvement intégriste?

Il est certain que Ben Bella n'a eu le temps de faire ni du bien ni du mal. Renversé en moins de trois ans de pouvoir par son bras droit, son projet social a avorté.

L'austère Boumediene, auteur du coup d'État, stratège émérite, avait, dès 1958, tracé son plan. Promu chef de l'état-major de l'Armée de libération nationale (ALN) algérienne, il comprit très tôt, et bien avant de Gaulle, que l'indépendance de l'Algérie était inéluctable. Il élabora donc, avec ses disciples du PC du Ghardimaou, un plan d'accession au pouvoir qui lui donna plusieurs longueurs d'avance sur ses rivaux. Pendant que l'armée française ratissait les maquis algériens, les réduisant à leur plus simple expression, Boumediene ne songeait qu'à consolider l'« armée des frontières », placée sous ses ordres, plutôt que d'aider en matériel et en hommes des combattants réduits à l'état de troglodytes par le gigantesque déploiement de moyens militaires. Il alla même jusqu'à bloquer l'introduction en Algérie de certains explosifs chinois capables de démanteler la fameuse ligne Morice, un barrage électrifié destiné à isoler le pays de ses voisins.

Face au loup, dont l'abondante moustache cachait mal les crocs, Ben Bella ne fut qu'une victime expiatoire. Le moment venu, il fut renversé sans coup férir.

Boumediene s'installa au pouvoir avec la tranquille assurance de celui qui constate que les faits se plient au cours qu'il leur avait tracé.

L'homme affectionnait les idées fortes et simples. Pétri de culture marxiste, il estimait que « les musulmans ne souhaitaient pas aller au paradis le ventre creux ». Il rêvait de faire entrer l'Algérie dans le concert des nations développées. Il considérait l'industrialisation comme la voie royale qui devait y mener. Élevant l'investissement productif au rang de panacée, il allait y consacrer 45 % du revenu national, et condamner les consommateurs à l'austérité.

Il décida par conséquent de sacrifier tous les autres secteurs. Durant son règne, on ne construisit pas un seul mètre de voie ferrée. Le réseau existant, hérité de l'époque coloniale, de plus malmené par les plastiquages de l'OAS en 1962, se révélait vétuste et étriqué, rendant totalement aléatoire la circulation des trains. L'augmentation du nombre de véhicules multipliait les embouteillages sur les routes exiguës qui conduisaient aux grandes villes. La seule quantité d'essence gaspillée à cette occasion aurait financé la réalisation de nouvelles voies. En vertu de la même logique, négligeant les effets de la folle croissance démographique, on refusa de bâtir des logements, laissant s'étendre les bidonvilles aux abords des agglomérations. Dans les hôpitaux, l'insuffisance des lits amenait les malades à s'étendre à même le sol. Il n'y eut qu'une seule exception. Émule de Lénine, qui considérait que « le socialisme, c'est les Soviets plus l'électricité », Boumediene accepta de consacrer les sommes nécessaires à l'extension du réseau électrique.

Et ainsi se dégradaient de jour en jour les conditions de vie des citoyens. Boumediene ne tint jamais compte, ni sans doute ne prit conscience de cette situation. L'austère autodidacte préférait l'objectivité des chiffres au constat de la réalité. Ses ministres, qui l'avaient bien compris, l'abreuvèrent de statistiques, et si Belaïd Abdesslam, responsable de l'industrie, devint le plus influent d'entre eux, c'est qu'il sut lui en fournir à foison.

On vit ainsi une équipe dirigeante qui s'auto-alimentait de rapports de plus en plus déments, chaque ministre se fondant sur les chiffres déjà gonflés de ses collègues pour hisser les siens à une barre supérieure. Et, les uns et les autres finissant par y croire, ils se laissaient emporter sur des nuages roses, de plus en plus loin du sol et de ceux qui y vivaient. Devenu lyrique, Boumediene promettait qu'en 1980 il n'y aurait plus un seul chômeur et, définitivement rassuré sur notre avenir, décidait de consacrer ses efforts à la politique étrangère afin de promouvoir le « nouvel ordre économique international » auquel il aspirait.

L'agriculture fut totalement négligée. Sur les terres en friche ne fleurissaient plus que des usines. Abandonnant leur charrue, les paysans se retrouvèrent dans des ateliers. Ils ne pouvaient plus voir le ciel. Ceux qui se levaient et se couchaient en même temps que le soleil durent se plier à la rectitude des horaires. Il leur fallut apprivoiser non plus un animal, mais une machine trépidante. Faisant un saut de plusieurs siècles, ils quittaient la nature pour entrer dans un univers cauchemardesque, agressif et bruyant. Le rêve impossible de retour vers leur milieu d'origine se sublimera dans un surcroît de piété. Des salles de prière furent construites dans des unités de production. Avec l'accomplissement de son devoir religieux, l'ancien paysan recouvrait, pour quelques instants, le calme et l'harmonie intérieurs perdus. Il ne manquera pas de considérer cette sérénité momentanée comme un effet de la foi.

Les omnipotents services de sécurité du colonel feront régner partout l'ordre de la pensée officielle, y compris dans les mosquées où les imams fonctionnarisés étaient tenus de vanter, lors du prêche hebdomadaire, les mérites du plan quadriennal ou de la révolution agraire. Cela en devenait ubuesque. Outrés, les fidèles se mirent à déserter ces temples qui ne servaient plus que de relais au discours politique, pour se réfugier dans des mosquées en construction et par conséquent non encore contrôlées. Là, ils retrouvaient des prédicateurs bénévoles qui leur parlaient de Dieu mais aussi de leurs préoccupations quotidiennes. Ce furent les fonts baptismaux du mouvement intégriste. Ce discours alternatif se radicalisait à mesure que s'exacerbaient les contradictions. Sa force fut sous-estimée par un Boumediene acquis aux idées du matérialisme historique. Il estimait que la classe prolétarienne, favorisée par l'industrialisation accélérée du pays, finirait par balayer ce regain religieux qui ne s'inscrivait pas dans le sens de l'histoire. En cela, il se révélait lui aussi intégriste, appliquant sans la moindre adaptation une idéologie dont il était l'adepte. Il ne comprit pas que c'était justement dans le milieu ouvrier, au sein des bidonvilles qui cernaient les grands centres urbains, que prenait corps un mouvement contestataire qui récusait la politique officielle.

Boumediene eut une mort bien douce puisqu'il n'assista pas à la déconfiture du système qu'il avait forgé.

Son successeur n'eut pas cette chance.

Tiraillée entre deux dauphins qui s'affrontaient avec férocité pour le fauteuil laissé libre par le défunt, l'armée décida d'opter pour un outsider qui consacrait sa sinécure de chef de la deuxième région militaire à la plongée sous-marine et aux jeux de cartes. Boumediene aurait été mortifié, dans sa tombe toute neuve, s'il avait pu savoir qu'on venait de lui donner comme héritier le colonel pour lequel il avait le moins d'estime.

Chadli se retrouva au pouvoir sans jamais l'avoir rêvé. Si l'opinion populaire ne le créditait pas d'une intelligence hors du commun, son bon sens et son pragmatisme étaient appréciés tant ils tranchaient avec la mégalomanie de son prédécesseur. Il n'eut jamais conscience qu'il venait de s'asseoir sur une bombe à retardement.

Le nouveau maître du pays n'avait rien oublié des avanies qu'il avait dû subir de la part de l'entourage du dirigeant décédé. Cet antisocialiste viscéral commença par démanteler les entreprises publiques, tout en lançant ses hommes à l'assaut des citadelles détenues par les fidèles du président disparu. Il appela en renfort les islamistes, ravis de faire la chasse aux « mécréants » et qui ne manquèrent pas d'occuper nombre de sièges parmi ceux qu'ils venaient de libérer.

C'est à ces mêmes intégristes que Chadli fera encore appel pour contrer le mouvement de la revendication berbériste qui explosera en Kabylie en avril 1980. Ceux qui réclamaient la reconnaissance de leur langue et de leur culture amazigh se voient taxer d'agents du « Parti français ». En récompense de la sale besogne effectuée, les zélotes de l'Islam obtiendront de nouveaux gages, notamment en matière d'arabisation de l'enseignement et de libéralisation de la construction de mosquées, auparavant sévèrement contrôlée. Mais ils acquièrent surtout le sentiment qu'ils constituent désormais une force avec laquelle le pouvoir devra compter et même composer.

En 1980, un an après l'intronisation de Chadli, le prix du baril de pétrole algérien se mit à caracoler au-delà de quarante dollars, tandis que la valeur du billet vert atteignait les dix francs français. Cette double manne plongea l'homme à la tête chenue dans l'euphorie. Pour se démarquer de la politique antérieure, il eut à cœur de satisfaire les besoins effrénés de consommation d'une population longtemps sevrée. Pour une vie meilleure, tel fut le slogan qu'inventèrent ses spécialistes de la communication. On se mit à importer les produits à tire-larigot, dans une formidable anarchie. Alors que les biens les plus indispensables continuaient à manquer, les rayons des supermarchés d'État croulaient sous les gadgets superflus. Les entrepôts se révélant insuffisants, nombre d'appareils étaient stockés à l'air libre.

Cette aisance financière donna lieu à une curée effrénée. La corruption apparaissait en plein jour, et devint même une véritable institution. Aucun contrat ne pouvait se conclure sans pot-de-vin. On vit même certains membres du gouvernement réclamer leur part du gâteau.

Il faut parler de Riadh el-Feth. O ce rêve d'un Occident inaccessible ! Chadli décida de réaliser ce mirage au cœur d'Alger. Une entreprise canadienne vint construire une *plaza* en tout point semblable à celles qui pullulent à Montréal. Le centre devint le lieu de rendez-vous de la jeunesse dorée. Vêtus de jeans et de blousons de cuir, freluquets et midinettes s'y rencontraient, pour prendre un thé et vibrer aux rythmes des clips américains transmis par un foisonnement de téléviseurs. Là, les amoureux pouvaient se prendre la main, et même s'embrasser sans craindre d'acerbes remarques. Les parents étaient rassurés car ils savaient qu'un service d'ordre privé et draconien protégeait leurs enfants.

L'un des plus misérables quartiers d'Alger côtoie ce morceau d'Amérique du Nord. Précipitamment construits en parpaings durant la guerre des années 50, ces immeubles exigus, dépourvus de balcons, aux fenêtres ridicules, surpeuplés, tranchent avec l'univers voisin.

Il y a d'ailleurs une grille qui sépare les deux mondes.

Les paumés ne peuvent accéder à ce lieu privilégié. Les consommations y sont trop chères. Ils ne peuvent qu'admirer au passage celles qui s'y rendent en taxi ou rêver d'y surgir à la Rambo, munis d'une mitrailleuse. Les exclus n'ont aucun espoir de voir une fille s'attacher à eux. Et ils évacuent la force de leur désir dans les toilettes. Parce qu'ils savent que chaque nuit ils devront s'allonger auprès de leur sœur. Ils abordent ou repoussent le corps interdit, mais dans les deux cas ne parviennent qu'à se haïr et maudire l'objet de leurs tourments.

Les haut-parleurs des mosquées proches répondent aux airs de Madonna ou de Michael Jackson. Ils fustigent ce temple de perdition qu'ils dénomment Houbel, en référence à un dieu antéislamique, pour dénoncer les adorateurs des nouvelles idoles.

Le 26 décembre 1991, ce quartier d'Alger a voté massivement pour le FIS.

L'épais matelas de devises étouffa pour un temps l'effervescence sociale.

Mais dès 1986, avec la brusque contraction du pactole pétrolier, commencèrent à se lever les vents de la tourmente. Une agriculture moribonde, une industrie déglinguée, une démographie galopante amplifièrent les effets de la récession économique.

Chadli prit soudain conscience de la poudrière sur laquelle il s'était assis. Dépassé, il entra dans une ère de palinodies, adoptant simultanément un remède et son antidote, ce qui ne pouvait qu'aggraver la situation. Les citoyens acquirent le sentiment de l'incapacité du pouvoir à influer sur le cours des événements.

Le coup de semonce des émeutes d'octobre 1988 provoqua une crise de conscience chez le troisième président algérien. Le pays entrait dans une ère de turbulences, et son dirigeant n'avait rien d'un oiseau des tempêtes. Voyant sa légitimité contestée, afin de satisfaire au désir de changement des citoyens, il promulgua une constitution qui instaurait le multipartisme, non sans avoir pris la précaution préalable de se faire réélire de façon anticipée. Les libertés que ménageait la nouvelle Loi fondamentale furent pain bénit pour le mouvement intégriste qui s'engouffra allégrement dans la brèche démocratique. Ses ténors commencèrent par réclamer la dissolution d'une assemblée élue sous le régime de parti unique, soutenus en cela par la multitude des nouveaux partis créés. Tous rêvaient d'en découdre avec un FLN discrédité. Mais Chadli n'osa ni franchir le Rubicon ni dissoudre l'organe décrié accusé d'être à l'origine de tous les maux du pays. Il céda devant les pressions multiformes des élus du palais Zirout qui entendaient jouir le plus longtemps possible de leurs nombreux privilèges.

L'homme qui excellait dans le maniement du fusil harpon, par son imprévoyance, se retrouva dans une situation inextricable. La nouvelle Loi fondamentale dotait d'un réel pouvoir une Assemblée qui ne tenait lieu auparavant que de chambre d'enregistrement. Les députés eurent à cœur d'exercer les prérogatives que leur conférait le nouveau texte. Plusieurs projets de lois furent ainsi dénaturés ou rejetés. Tandis que les successifs gouvernements étaient paralysés, montait la grogne contre une Assemblée récusée par la population et les partis politiques, et qui de plus avait l'outrecuidance de contrer l'action de l'exécutif.

Après avoir emporté la majorité des communes lors des élections municipales de juin 1991, les intégristes eurent la conviction qu'ils se trouvaient aux portes du pouvoir. Face à un président qui se révélait des plus timorés, ils accrurent leurs pressions. En fait, Chadli, qui souffrait d'une grave crise de légitimité, avait fini par conférer celle-ci aux vainqueurs du premier suffrage pluraliste de l'Algérie. Il reculait chaque fois devant les exigences renouvelées de ses anciens alliés qui finirent par acquérir un sentiment de totale impunité.

Les Algériens vont alors vivre une période de laxisme où chaque fait accompli du mouvement intégriste, bafouant l'autorité de l'État et défiant ses lois, repoussait les limites du tolérable.

Tous les vendredis, les dizaines de milliers de haut-parleurs des minarets diffusaient des discours d'imams qui incitaient à l'émeute et appelaient au meurtre. Les exactions de leurs affidés fanatisés se multiplièrent. Lorsque certains de leurs hommes prirent d'assaut, haches en main, le tribunal de Blida, le chef du gouvernement de l'époque, Mouloud Hamrouche, interrogé à la télévision, n'osa pas les accuser en dépit des preuves formelles dont il disposait. Dans une autre ville, ils incendièrent la maison d'une femme divorcée qui avait commis le crime de recevoir chez elle un homme. Son fils, en bas âge, périt carbonisé. L'existence d'une filière qui envoyait des hommes s'entraîner auprès des maquisards afghans était de notoriété publique. Son siège se trouvait dans la mosquée Kaboul, à Belcourt, en plein cœur d'Alger. Lors de la guerre du Golfe, on vit se pavaner le second du FIS, Ali Benhadj, affublé d'une tenue militaire. Il exigea d'être reçu par l'état-major de l'armée. Chadli contraignit des vétérans de la guerre de libération à recevoir le glabre Savonarole et le journal télévisé couvrit l'entrevue. Offusqués par le profil bas et la soumission du chef suprême de l'armée, les anciens maquisards ruminaient leur rancœur. Auparavant, le secrétaire général du ministère de la Défense nationale – en fait réel ministre, puisque le Président détenait automatiquement le portefeuille selon une précaution instaurée par le très prudent Boumediene, détenteur du même poste sous Ben Bella et qui ne souhaitait pas être victime d'un complot semblable à celui qu'il avait fomenté –, le général Chelouffi, fut écarté pour avoir, dans l'hôpital militaire qui relevait de lui, imposé aux infirmières qui portaient le *hidjab* de s'en défaire au profit de la blouse réglementaire au moment de pénétrer dans le bloc opératoire. Ce fut une période propice aux dépassements de toutes sortes. Les auteurs de délits arrêtés, s'ils se révélaient islamistes, voyaient leurs partisans faire irruption dans les commissariats pour exiger, et parfois obtenir leur libération immédiate, ou envahir le tribunal pour intimider et menacer le magistrat qui avait à juger de l'affaire.

Les multiples exactions impunies commençaient à instaurer un climat de terreur.

Après le raz de marée intégriste des élections du 26 décembre 1991, Mohamed Boudiaf fut appelé à la rescousse, comme de Gaulle après le 13 mai 1958.

La majesté sied aux sauveurs. Un zeste de mépris à l'encontre des prédécesseurs est de mise. Une condescendance mâtinée de quelques mesures répressives est nécessaire pour amadouer une presse frondeuse. L'auteur de l'appel du 18 Juin et le fondateur du FLN se rejoignent en de nombreux points. Ils eurent tous deux leur traversée du désert.

De Gaulle parvint à régler la crise algérienne.

Boudiaf réussira-t-il à tempérer la fièvre islamiste de l'Algérie?

LES INTELLECTUELS ET L'INTÉGRISME

L'Arlésienne

Que firent les hommes de culture, de pensée pour lutter contre ce retour de la barbarie ?

Triste histoire que celle des intellectuels algériens ! Chaque fois qu'ils avaient rendez-vous, ils ont raté le coche de l'histoire.

Ils prirent la mauvaise voie, dans les années 1930, lors de la renaissance du mouvement national.

Il faut remarquer que, dans tous les pays anciennement colonisés, la revendication indépendantiste fut dirigée soit par les chefs de l'aristocratie traditionnelle lorsque les occupants étrangers lui ont permis de survivre, soit par une élite formée dans la langue et les universités de la métropole.

L'Algérie constitue un cas d'exception.

Les fils des « grandes tentes » ne purent guider la résistance à l'occupation française parce que l'administration coloniale avait démantelé les structures tribales, ruiné leurs fondements économiques et exilé ou dispersé leurs chefs. Il est incompréhensible que les intellectuels n'en aient pas profité pour se saisir du flambeau de la revendication anticoloniale. Regroupés dans l'Union des amis du Manifeste algérien (UDMA) de Ferhat Abbas, ils se contentèrent de réclamer un statut d'égalité des droits entre Algériens et Français.

En ce sens, ils ne pouvaient répondre aux attentes des masses. Ce sera un mouvement populiste, constitué de plébéiens, créé et dirigé par Messali Hadj qui cristallisera les aspirations indépendantistes. Le Parti populaire algérien (PPA), dissous puis reconstitué sous le nom de Mouvement pour le triomphe des libertés démocratiques (MTLD), naîtra paradoxalement en France, au sein des ouvriers émigrés. Son succès de plus en plus manifeste attirera vers lui un certain nombre de clercs qui investiront peu à peu le comité central du parti. Ils ne tardèrent pas à soulever une grave crise en s'opposant au leader charismatique à la barbe de patriarche biblique.

Les intellectuels algériens ne surent pas non plus se déterminer lorsque surgit la question fondamentale : fallait-il passer à la lutte armée pour arracher l'indépendance nationale ?

Les cadres du MTLD ne cesseront pas de tergiverser tandis que s'exacerbait l'irritation des membres de l'Organisation spéciale, la branche occulte et activiste du parti, chargée des coups de main et des sales besognes. Elle regroupait en son sein les militants les plus radicaux qui ne rêvaient que d'en découdre avec l'oppresseur. Traqués par la police, contraints à la clandestinité, ils rageaient de voir les notables du MTLD, confortablement installés dans leur bureau, repousser de jour en jour la décision fatidique.

Six membres seulement de l'Organisation spéciale du MTLD se réunirent le 23 octobre 1954 pour créer ce qui allait devenir le prestigieux sigle : FLN. Hommes de l'ombre, forcément inconnus, méprisés par les chefs du mouvement auquel ils appartenaient, ils tentèrent de rallier les intellectuels du comité central. Ces derniers éconduisirent les aventuriers avec répugnance.

Ce furent donc quelques marginaux qui, en 1954, le jour de la Toussaint, osèrent annoncer au monde entier qu'ils déclenchaient une lutte armée pour revendiquer l'indépendance nationale. Le ridicule arsenal dont ils disposaient comptait quelques fusils de chasse et d'antiques pistolets. Le nombre de leurs recrues était inférieur à cent.

Leur succès dépassa pourtant leurs plus folles espérances. Les laissés-pour-compte furent érigés au rang de thaumaturges.

Les intellectuels ne commencèrent à rejoindre le FLN qu'à partir de 1956. Ils furent traités comme des ralliés. Il en fut ainsi de Ferhat Abbas. S'il assuma pour un temps la présidence du Gouvernement provisoire algérien, il était de notoriété publique qu'il ne disposait d'aucun pouvoir. Les créateurs du FLN, promus colonels, tenaient solidement en main les leviers essentiels.

Les plébéiens qui eurent la témérité de tenter l'aventure indépendantiste gardaient des intellectuels une image de phraseurs velléitaires, toujours prêts à tourner casaque, plus préoccupés de leur confort personnel et de leur renommée que du devenir national.

Ceux qui, en 1962, prennent le pouvoir à Alger, partagent cette opinion. Fascinés par Fidel Castro et Nkrumah, ils feront lourdement sentir aux intellectuels algériens leur démission historique. Aucun d'entre eux ne pourra exercer de responsabilité significative. Si Ferhat Abbas est nommé président de l'Assemblée nationale, il sera démis après quelques mois de perchoir, dès qu'il exprimera sa première divergence.

Boumediene, qui renverse son prédécesseur, se montre encore plus méprisant envers les intellectuels.

L'anecdote suivante est très significative de son attitude.

Nous sommes en juin 1965. Dans quelques jours doit se tenir à Alger la deuxième conférence afro-asiatique. L'événement devait hisser Ben Bella au niveau des plus grandes stars mondiales du tiers-mondisme, aux côtés de Nasser, Castro, Nkrumah et Tito.

Deux intellectuels avaient été chargés de rédiger le discours inaugural. Ils se mirent à table. Mais ils avançaient peu, face à l'échéance qui se rapprochait, car les conseillers du chef de l'État ne cessaient de les harceler pour leur demander d'ajouter ou de retrancher tel ou tel paragraphe. Le 18 juin, vers 10 heures du soir, ils purent enfin rentrer chez eux avec la satisfaction du travail accompli. Dans la voiture qui les ramenait, les deux scribes éprouvèrent un étrange sentiment, mais s'abstinrent d'en faire part.

Le chauffeur déposa l'un, puis l'autre. Le dernier à rejoindre son appartement eut à peine le temps de franchir le seuil de la porte, que la sonnerie du téléphone retentit.

Il reconnut la voix du compagnon qu'il venait de quitter. Son collègue tenta de lui faire part des appréhensions qu'il avait hésité à exprimer dans le véhicule. Mais sa communication fut troublée par les coups qui faisaient vibrer la porte. Il dut raccrocher pour aller ouvrir.

Il se retrouva face à deux hommes qui prétendaient être des émissaires du Président. Leur comportement n'en laissait rien paraître et notre scribe ne se rappelait pas les avoir une seule fois aperçus dans l'entourage de Ben Bella. Il apprit qu'il lui fallait retourner au ministère des Affaires étrangères afin d'apporter d'ultimes modifications au texte qui venait d'être achevé. La voiture qui les embarqua n'omit pas de récupérer son compagnon.

De retour à leur bureau, ils furent heureux d'apprendre que ce qu'ils avaient rédigé était fort apprécié, mais qu'il convenait d'opérer quelques anodines rectifications. Sans y rien comprendre, les deux rédacteurs durent ainsi ajouter un paragraphe expliquant aux chefs d'État d'Afrique et d'Asie, attendus à Alger, que les événements qui s'étaient déroulés dans le pays relevaient d'un redressement destiné à conforter l'Algérie dans sa voie révolutionnaire.

Quels événements ? Les deux « nègres » n'en surent rien.

Le lendemain, 19 juin 1965, le colonel Boumediene renversait par un coup d'État militaire le Président élu.

Il n'avait pas hésité à demander aux mêmes intellectuels de corriger un texte conçu pour son prédécesseur, leur suggérant ainsi de brûler ce qu'ils avaient adoré. Il ne semble pas que les scrupules aient étouffé nos rédacteurs. Ils sont toujours vivants.

A l'indépendance, les intellectuels furent enrôlés et requis de chanter les louanges du maître. Ils se trouvèrent aussi chargés de riposter aux attaques de la presse étrangère dont les fielleux journalistes furent taxés de nostalgiques de la période coloniale. Fascinés par les oripeaux du pouvoir ou attirés par le fumet de la soupe, la plupart répondront à l'appel, à l'exception notable et heureuse des intellectuels proches de la mouvance communiste.

Ces nouveaux courtisans conforteront l'image que s'en font d'eux les dirigeants et n'hésitèrent pas à renier ce qu'ils avaient adulé, et à louer ce qu'ils avaient honni.

Les potentats algériens n'ont jamais emprisonné leurs intellectuels. Ce n'est un titre de gloire ni pour les premiers ni pour les seconds. C'est simplement que les détenteurs du pouvoir ne se sont jamais sentis menacés par les hommes de plume. Il faut reconnaître que ces derniers ne firent pas montre d'une particulière audace.

Une autre anecdote me semble digne d'être rapportée.

Un jour, sur la proposition de l'un de ses fins conseillers, Chadli décide de décerner des médailles aux intellectuels les plus méritants. L'idée est en elle-même révélatrice. Ayant peu de temps auparavant décoré des soldats, il s'agissait de faire de même pour ces serviteurs armés du calame.

On retrouva dans la liste des heureux élus une présentatrice du journal télévisé, les médecins qui soignèrent Boumediene, un ministre et nombre d'obscurs bureaucrates. Le général bric-à-brac suscita l'indignation des citoyens. L'immense écrivain Mouloud Mammeri, qui n'était guère en odeur de sainteté, mais dont l'œuvre restait incontournable, se trouva relégué dans la deuxième catégorie, alors que la première grouillait d'inconnus qui avaient commis un article de-ci, de-là dans la presse officielle.

Le président Chadli avait décidé de décorer personnellement les plus en vue des intellectuels, au cours d'une pompeuse cérémonie au Palais de la Culture d'Alger.

L'histoire allait se corser doublement.

Le lieu abritait alors une exposition de tapisseries de Picasso. On aurait pu trouver providentielle la coïncidence. Mais les hommes du protocole présidentiel, estimant sans doute que le décor n'était pas adéquat, exigèrent des murs nus. Ce qui, au-delà du symbole, ne manqua pas de créer un superbe imbroglio entre les organisateurs et la compagnie d'assurances car le contrat conclu ne permettait qu'un seul décrochage des œuvres.

La cérémonie eut donc lieu dans une salle dépouillée. Le Président fut accueilli par un illustre poète qui commença à déclamer une interminable suite de vers en louange à la gloire du grand homme. Alors qu'il continuait à réciter, au fond de la salle, se mit à circuler de main en main la photocopie, tirée d'un journal, d'un autre texte du même auteur.

Un vieux poème, qui chantait les vertus d'un très ancien président.

Il s'agissait de De Gaulle.

Juste retour des choses. Ceux qui traitèrent avec mépris les intellectuels reçurent la monnaie de leur pièce. Ils n'eurent plus dans leur entourage que de serviles courtisans. Ils se retrouvèrent sans cornacs ni éclaireurs. Faute de censeurs vigilants, ils ne firent que persévérer dans l'erreur.

Les récalcitrants furent contraints au silence ou à l'exil. Ainsi se développera un lent processus de désertification de la pensée qui rabaissera les débats au niveau de l'indigence.

Le coup de bélier des émeutes d'octobre 1988 allait ébranler les fondements d'un système installé depuis 1962.

Étranges émeutes, en vérité.

Les étés algériens sont éprouvants. L'ardeur du soleil n'est nullement en cause. Chadli n'était pas réputé être un bourreau de travail. Dès le début de la saison chaude, il s'octroyait de longues vacances dans son Camp David oranais. Ses ministres s'ingéniaient à l'imiter. Les dirigeants des entreprises publiques mettaient leur personnel en congé et s'en allaient goûter aux plaisirs de la natation pendant que les citoyens assistaient à la recrudescence des pénuries de produits manufacturés et à la flambée des prix des fruits et légumes. Le quotidien des ménagères en devenait cauchemardesque.

L'été 1988 se révéla très pénible. Dès la rentrée on vit une explosion de grèves dans les entreprises publiques. Le pays tout entier semblait pris de folie. Vers le 20 septembre commença de courir la rumeur d'une grève générale pour le 5 octobre. Les élèves eux-mêmes commentaient la nouvelle.

Et le 5 octobre précisément, vers midi, les émeutes débutaient à Alger, pour s'étendre dès le lendemain au pays tout entier. Les services de sécurité, qui ne pouvaient ignorer un mot d'ordre devenu de notoriété publique, avaient disparu. Les agents de la circulation eux-mêmes avaient déserté les rues de la capitale, qui durant plusieurs jours restèrent aux mains des casseurs.

Pendant que Chadli s'adonnait aux joies du farniente et de la plongée sous-marine, un audacieux projet de coup d'État avait été mis au point par les rescapés de l'équipe de Boumediene.

La promulgation de l'état de siège et l'intervention de l'armée déjouèrent le complot des apprentis sorciers. Mais les officiers qui furent contraints d'ordonner à leurs troupes de tirer sur des adolescents, ternissant ainsi leur glorieux passé de maquisards, pour sauver l'occupant du fauteuil présidentiel, n'allaient pas manquer d'en tirer leçon. Ils placèrent sous étroite surveillance l'homme qu'ils avaient propulsé à la tête du pays. Son maintien fut conditionné par la mise en œuvre rapide d'un processus de démocratisation de la vie politique. En se retirant du comité central du FLN, l'armée se mettait non seulement en réserve de la politique, mais prenait ses distances vis-à-vis d'un pouvoir qu'elle ne soutenait plus qu'avec dépit et réticence.

Les chefs de l'armée, promoteurs de la constitution de février 1989 – qui instaurait un régime démocratique –, espéraient voir les intellectuels s'y engouffrer afin de former un large front moderniste. Mais nos penseurs mirent leur point d'honneur à cultiver leurs divisions. Ils se répartirent en un large éventail de tendances, allant de l'extrême gauche trotskiste à une social-démocratie mâtinée d'islamisme.

Ils tirèrent les marrons du feu pour les offrir aux intégristes. Ces tard venus de la contestation ramassèrent la totalité de la mise. Chadli, qui utilisa les islamistes pour consolider son pouvoir, ne pouvait que les payer de retour. Les concessions qu'il leur accorda finirent d'irriter les militaires, par ailleurs désolés d'assister au spectacle des divisions des démocrates.

En juin 1991, les troupes investirent de nouveau les rues d'Alger. Cette fois, il s'agissait de barrer la route aux intégristes. En revanche, le rétablissement de l'ordre public fut mis au crédit de l'armée.

Les intellectuels algériens se sont surtout fait remarquer par leur manque de combativité. Lâchement soulagés de voir les soldats intervenir, ils donnèrent libre cours à leurs scrupules et, leur sécurité désormais assurée, se piquèrent de dénoncer les dénis de droit de ceux qui étaient venus les sauver, déjà oublieux du sort que se promettaient de leur réserver les intégristes.

Ils ont pu ainsi continuer à se retrouver dans les soirées organisées par les ambassades occidentales et, entre deux verres, souligner les abus du pouvoir. Nombre d'entre eux se sont, en catimini, assurés d'un point de chute à l'étranger.

En cela, ils continuent à s'inscrire dans la ligne tracée par leurs prédécesseurs qui ne surent pas déceler dans quel sens soufflait le vent de l'histoire.

Ils ont ainsi raté le coche de la démocratisation.

C'est d'abord le courage qui fait défaut à nos clercs.

Que diable ! avait déjà remarqué Sartre, un couvreur court plus de risques qu'un intellectuel.

Ce n'est pas le cas des intégristes. Leurs militants ne craignent pas d'affronter les forces de police comme ils ne se privent pas d'affirmer que leurs adversaires – ou plutôt leurs ennemis – ne jouiraient d'aucun droit. Mais leur détermination n'a rencontré qu'un nom, qu'il serait plus judicieux de qualifier de lâcheté. L'histoire des intellectuels algériens se compare à celle de l'Arlésienne.

III

Le succès de l'intégrisme

CRISE MORALE

L'imam et Copernic

C'est sur un terreau exceptionnellement favorable qu'a pris le mouvement intégriste. Trois couches sédimentaires expliquent sa remarquable fécondité.

La crise morale forme le premier dépôt.

Les Occidentaux vivent dans l'euphorie que leur procure une réelle aisance. Ils n'ont plus l'angoisse du pain quotidien. Le minimum vital est désormais assuré pour tous. Aucun péril majeur ne les menace. Leurs pays sont entrés, depuis la fin de la Seconde Guerre mondiale, dans une phase de croissance qui se traduit par l'amélioration constante des conditions de vie des citoyens. Les revenus des ménages augmentent et leur permettent d'accéder à des produits ménagers ou de loisir. Des mécanismes de solidarité garantissent une vie décente aux chômeurs et aux indigents. Lors des vacances, ils découvrent les voyages et les pays lointains. Mieux nourris, mieux soignés, mieux éduqués, les enfants se révèlent plus sains, plus vigoureux et plus intelligents. Hommes et femmes se montrent attentifs à leur corps. La proportion des obèses décline, en dépit de l'abondance des produits alimentaires. Leurs plats deviennent plus équilibrés et plus diététiques. Les gouvernements tentent de réduire la consommation d'alcool et de tabac. La durée de vie s'allonge. Les ravageuses épidémies ont disparu. La médecine parvient à guérir un nombre croissant de maladies. Si le virus du sida continue à défier les scientifiques, il est certain que le formidable déploiement des moyens de recherche finira par aboutir à la mise au point d'un vaccin.

Ainsi, la notion de progrès est désormais considérée comme naturelle.

Tel n'est pas le cas dans les pays du tiers monde.

Le sentiment qui prévaut aujourd'hui chez les Algériens, toutes classes sociales et d'âge confondues, est celui d'assister à une régression continue. Ils affrontent un monde chaotique, toutes règles et valeurs sont abolies. Plus personne ne croit à rien, du paysan kabyle aux tenants du pouvoir. L'étudiant se désintéresse de ses cours, persuadé que son diplôme n'a aucune valeur et que ses connaissances sont dépassées ou inadaptées. Il songe davantage à se procurer frauduleusement les sujets d'examens, puis à utiliser d'éventuelles relations pour obtenir un emploi et construire sa carrière.

L'ouvrier n'établit aucune relation entre le salaire qu'il perçoit et le travail qu'il doit fournir. Il ne se préoccupe que des derniers produits livrés à la coopérative de l'usine où il essaiera d'aller le plus tôt possible afin d'occuper une position avantageuse dans la file. Les services d'urgences des hôpitaux sont désertés dès 8 heures du soir par les médecins et infirmières, partis dormir, tandis que meurent, exsangues, des blessés abandonnés sur des paillasses de ciment recouvertes de carreaux de faïence glacée. Dans un pays où la pénurie est reine, le commerçant rabroue ses clients, certain de leur rendre service en consentant à leur fournir un vulgaire ingrédient au double de son prix. Sa fortune, réalisée en quelques mois, le conforte dans son mépris des consommateurs qui se bousculent devant lui. L'industriel se fiche de la qualité de ce qu'il fabrique, assuré qu'il est d'écouler sans peine sa marchandise. Le savon oublie de mousser, l'insecticide semble revigorer les mouches, les allumettes ne parviennent pas à s'enflammer, on ajoute du pois chiche au café, les cigarettes contiennent des bûches.

Le paysan ne cultive qu'une parcelle de son lopin et constate avec ravissement l'envolée des prix de ses légumes. Les fonctionnaires semblent jouer à imiter les ronds-de-cuir de Courteline. Ils sont devenus experts dans un tennis bien particulier, où il s'agit de relancer vers un collègue non point une balle mais un dossier, de manière que le destinataire ne puisse le renvoyer.

On ne manquera pas de penser que je force le trait. Mes concitoyens se rendent bien compte, eux, que c'est la réalité qui exagère.

Les jeunes vivent dans l'écœurement et ne songent qu'à s'expatrier. Sur les murs des villes algériennes, s'inscrivent à gros traits de pinceau les noms de Dallas, London, Bagdad ou Kaboul. Ces graffitis expriment la mal-vie de nos taggers qui ne disposent que de moyens rudimentaires pour crier leur révolte.

Ce désir lancinant de départ vers ailleurs, vers n'importe où, a mené nombre d'entre eux vers la mort. L'Irak, en guerre contre l'Iran, recruta clandestinement des centaines de médecins algériens pour les envoyer au front. Ils ne revinrent jamais. D'autres aigris sont allés rejoindre les maquisards afghans.

Les plus timorés iront prendre leur place dans la queue qui commence à s'allonger dès minuit devant les ambassades étrangères, dans l'espoir d'obtenir un visa. Ils brandissent un billet d'avion acheté à un prix équivalent au double du SMIC, un certificat d'hébergement de complaisance, le montant de devises exigé acquis au marché noir, souvent complétés par un télégramme bidon annonçant la mort d'un parent résidant dans le pays qu'ils veulent visiter ou par tout autre document susceptible d'augmenter leurs chances d'obtenir le précieux sésame. Ils demandent une autorisation de séjour de trois mois, mais devront se contenter de quinze jours avec l'utopique espoir de s'arranger une fois sur place. Ils savent que, même si une page de leur livret vert est ornée de la précieuse estampille, ils n'en sont pas pour autant arrivés au bout de leurs peines. Ils devront d'abord affronter les tracasseries administratives à l'aéroport d'embarquement, prouver qu'ils ont bien accompli leur service militaire, exhiber les devises qu'ils détiennent. Il leur faudra à l'arrivée contraindre leurs mains à ne pas trembler au moment de passer devant le cagibi vitré où trône un policier soupçonneux. Certains d'entre eux se verront reconduits, menottes aux poignets, vers l'avion qu'ils viennent de quitter. Cela ne les empêchera pas de recommencer dès leur retour le même parcours du combattant.

Le jour où se répandit la rumeur que l'Australie s'apprêtait à accueillir un nouveau contingent d'immigrants, l'ambassade du pays fut prise d'assaut.

Si beaucoup de ces paumés finissent par se diriger vers la mosquée, c'est moins par l'effet d'une foi retrouvée que pour savourer le véhément discours des intégristes qui, chaque vendredi, les venge de leurs quotidiennes déconvenues. Celui qu'on a refoulé à plusieurs reprises s'acharnera à dénigrer le pays qui a refusé de l'accueillir.

L'épopée de ces thaumaturges, petites gens qui réussirent à arracher l'indépendance d'un pays auparavant considéré comme un ensemble de départements français, est aujourd'hui non seulement ignorée, mais de plus en plus souvent décriée. Cela ne pouvait qu'alimenter les feux du discours islamiste, qui utilise tous les moyens pour racoler les révoltés. Ils n'ont pas manqué, avec succès, en trafiquant l'histoire, de revendiquer la paternité du mouvement indépendantiste. Après avoir investi l'enseignement, comme nous le verrons plus loin, ils persuadèrent nos enfants que Ben Badis, le réformateur musulman, était le héros du mouvement national, ce qui relève de la supercherie. Ce grand penseur qui travailla à rénover l'islam serait le premier à récuser les dogmatiques qui ont pris en otage la religion révélée par Mohammed.

Les plus âgés éprouvent un profond dépit au souvenir de tout ce qui a été gâché ou dilapidé. Ils n'ont pas oublié les improvisations du premier Président algérien, l'impulsif et brouillon Ben Bella. Le colonel Boumediene qui, de vive force, prendra sa place, engagera l'économie algérienne dans la voie de la collectivisation. Même s'il parvint à faire adhérer les cadres à sa mystique du développement, il resta prisonnier d'une vision simpliste qui le poussa à engouffrer le plus clair des revenus pétroliers nationaux dans une industrie lourde qui se révéla très tôt inefficace. L'autocrate distant aux convictions tranchées, détenant un pouvoir incontesté et sans partage, se laissa plonger dans l'isolement. Il ne sut pas corriger les dysfonctionnements de plus en plus criants du pays, préférant orienter ses efforts vers une politique étrangère dont les indéniables succès lui faisaient oublier ses décevants échecs économiques et sociaux. Après sa mort soudaine, Chadli, son successeur imprévu, ne tarda pas à baigner dans l'euphorie, simultanément héritier d'un poste et d'une manne inespérés. Le nouveau chef d'État ne crut pas nécessaire, à l'instar de son prédécesseur, d'imposer à ses collaborateurs l'austère rigueur morale et le désintéressement qui prévalaient jusqu'alors. On assista à une formidable curée et, tous instincts débridés, les prévaricateurs, escrocs, carambouilleurs, trafiquants se ruèrent vers le pactole. En quelques mois, il se constitua d'immenses fortunes.

Lorsque, à partir de 1986, avec la chute du prix du pétrole, tomba le rideau et s'éclaira la salle, les spectateurs découvrirent la catastrophe. Il fallut recourir aux sorciers du FMI et consentir aux sacrifices inscrits dans leurs grimoires.

Dans un pays en décrépitude avancée, jeunes et vieux constatent que le téléphone marche mal, que les trains tombent en panne, que les mairies ne disposent pas des imprimés indispensables, que les ascenseurs ne fonctionnent pas, que les enfants n'apprennent pas à lire à l'école, que les hôpitaux refusent les malades et les blessés.

Les perturbations provoquées par l'exode massif des pieds-noirs en 1962, laissant un pays sans encadrement, n'ont jamais pu être corrigées. Trente ans plus tard, on ne peut se plaindre d'un manque de compétences.

Dans toutes les disciplines, les universitaires pullulent. C'est l'état d'esprit qui a changé. L'ouvrier qui vit dans un univers chaotique ne peut cultiver l'amour du travail bien fait. La négligence lui semble plus naturelle. La corruption généralisée déculpabilise le commerçant indélicat ou le fonctionnaire véreux qui se mettent à mépriser toutes les valeurs morales. Les privilèges exorbitants des membres de la nomenklatura incitent les citoyens à bafouer les lois. Les injustices quotidiennes rendent caduques les règles de l'équité.

Ces dérèglements multiples donnent l'impression d'un monde en déréliction. Mon enfance se déroula dans la Mitidja, entre la vigne et l'orange, et je me souviens de la peine des ouvriers agricoles, qui trimaient de l'aube au crépuscule sur les terres des colons sous la férule de commis maltais ou calabrais. Aujourd'hui, alors qu'ils sont septuagénaires, je les entends paradoxalement évoquer avec nostalgie ce temps lointain où ils se faisaient houspiller dès qu'ils marquaient une petite pause. Ils se désolent de côtoyer des terres en friche, mais aussi de voir tomber en désuétude les valeurs qui ont fondé toute leur vie.

Ces incohérences dissuadent toute initiative. Le plus motivé des entrepreneurs reste inquiet parce qu'il pressent que son projet se heurtera à des difficultés innombrables. Le plus audacieux des étrangers renâcle à coopérer avec les Algériens parce qu'il sait qu'il rencontrera des embûches insurmontables.

Cette dégradation continue n'a pu être freinée par aucun des gouvernements qui se sont succédé. Leurs membres laissent l'impression de marionnettes qui, après deux petites cérémonies et trois grands discours, disparaissent à tout jamais. Aucun de ces pantins n'a eu de prise sur une réalité récalcitrante. L'Algérien d'aujourd'hui n'accorde plus de crédit à ses dirigeants. Il est convaincu qu'aucun d'entre eux n'est en mesure de lui procurer un emploi, un logement, le lait pour son nouveau-né, le médicament pour son père hospitalisé.

L'Algérien cesse d'affronter l'aléatoire. Le camion de lait peut passer ou pas. Trouvera-t-on demain de l'huile ? A quelle heure faut-il prendre sa douche, à quel moment faire sa vaisselle quand les coupures d'eau sont imprévisibles ? Le train qu'on attend passera-t-il ce jour-là ? Y aura-t-il de l'essence à la station ? L'encombrement des lignes téléphoniques me permettra-t-il de joindre mon correspondant ? N'est-il pas en panne, le photocopieur dont j'ai besoin pour reproduire un important document ? Aurai-je du pain ce week-end, ayant constaté à mes dépens que le boulanger décidait souverainement du jour où il fermait boutique pour aller rendre visite à ses parents ? Les fumeurs algériens ne cessent de changer de qualité de cigarettes parce qu'ils ne savent jamais la marque qu'ils trouveront au kiosque. Il n'est pas réaliste d'espérer utiliser régulièrement le même shampooing. Si les ampoules de votre appartement sont à baïonnettes on ne vous offrira que le modèle à vis et vice versa. Le produit dont le prix est aujourd'hui ridicule deviendra hors de portée demain.

Cette incertitude quotidienne implique l'angoisse. L'Algérie doit être le pays ayant la plus forte proportion de gens souffrant d'un ulcère.

Ceux qui vivent dans le désarroi se laissent attirer par la propagande des islamistes, qui leur propose un système de valeurs cohérent et manichéen. Ils s'y réfugient pour retrouver les règles qui doivent guider leur vie.

Il est difficile de rendre compte et de faire sentir le poids de révolte des Algériens face aux frustrations quotidiennes qu'ils subissent.

Comme manquent mille et une choses, il leur faut d'abord se battre pour espérer acheter le produit le plus courant. Selon les mois, il peut s'agir d'huile, de café, de cigarettes, de beurre, de pommes de terre, d'ail, d'ampoules, de piles, etc. La liste exhaustive serait vraiment trop longue à établir.

Je me souviens d'un de mes anciens professeurs d'université, bonhomme malingre, aux pas mal assurés et aux mains tremblotantes. Son entrée dans l'amphi où se serraient plus de trois cents étudiants, plus bruyants qu'une volière, instaurait un silence religieux. Sa voix chevrotante parvenait jusqu'au dernier gradin. A la fin du cours, nul n'osait approcher de l'estrade, tant l'aura dont il bénéficiait nous tenait à distance.

Quelques années après la fin de mes études, j'ai revu mon professeur. C'était devant un supermarché. Espérant un bidon d'huile, il tenait sa place dans la file, sa poitrine osseuse comprimée entre deux larges bustes. La moindre bousculade provoquait un mouvement de houle parmi les corps agglutinés. Il faisait chaud sous le soleil.

Mon professeur, qui venait de me reconnaître, me salua d'un léger geste de la main. Je le crus honteux d'être surpris par un de ses élèves en si humiliante situation. Il n'en était rien.

– Vois-tu, me dit-il, je continue à enseigner à tes successeurs les lois physiques qui régissent notre univers tout en restant incapable de me procurer la quantité d'huile qu'il faut pour alimenter ma poêle. Sur l'estrade de l'amphi, je suis le maître du cosmos. Je me joue des équations qui déterminent le mouvement des planètes. Mais parviendrai-je à obtenir le produit que j'attends ? Ceux qui, derrière moi, me pressent, se fichent de mon savoir et des règles qui déterminent le mouvement des astres. Ils ne peuvent non plus soupçonner que mes connaissances pourraient les aider à disposer de davantage d'huile demain.

Je me souviens aussi de l'époque où l'on interdisait aux médecins de s'établir. Le malade avait le choix entre un hôpital surpeuplé où il risquait fort d'être refoulé et l'un des rares cabinets privés où il était assuré... de patienter durant des heures... avant d'être convié à retourner se faire examiner dans le centre de santé qu'il venait de quitter.

Il faut également tenir compte des humiliations qu'ils subissent. Pour obtenir le moindre document d'état civil, il faut se soumettre au bureaucrate assis derrière le guichet. Si la mine de l'automobiliste déplaît au policier, ce dernier pourra invoquer n'importe quel défaut réel ou allégué du véhicule pour dresser un procès-verbal. Le restaurateur qui ne se montre pas compréhensif écopera d'un arrêté de fermeture de trois mois.

Ce qu'on a appelé la campagne de « dégourbisation » relève de l'abjection. Suivant l'avis d'un autre de ses fins conseillers, Chadli estima que les bidonvilles constituaient une lèpre qu'il était nécessaire d'éradiquer. Les chefs d'État étrangers et tous les illustres hôtes que recevait l'Algérie ne pouvaient manquer de les remarquer et d'en induire de fâcheuses considérations.

Allait-on mettre en œuvre un programme spécial de construction de logements pour ces marginaux ? Que nenni.

On les renvoya, au sens littéral du terme, vers leur douar d'origine.

La police débarquait pour exiger de ces habitants, devenus illégaux après plus de vingt ans de séjour, la carte d'identité du père de famille. La smala était alors raccompagnée *manu militari* vers le lieu de naissance du chef de famille. Et l'emploi du père ? Et la scolarisation des enfants ?

J'ai vu ces familles transportées dans des camions militaires. Les chauffeurs étaient pressés. Sitôt parvenus à destination, ils relevaient leur benne. Ainsi chutaient dans la boue hommes, femmes, enfants et meubles mêlés.

Dans le meilleur des cas, ces déportés purent disposer d'une tente. Ceux qui en bénéficièrent y vivent toujours, six ans plus tard. Ils savent, eux, pour qui il faut voter.

Comment ces proscrits ne vibreraient-ils pas aux

propos de ceux qui promettent l'instauration d'un ordre nouveau qui mettrait fin aux injustices et aux humiliations ?

Le retard de la pensée constitue la seconde couche du terreau.

Ainsi les Occidentaux s'étonnent souvent du succès de l'idéologie intégriste dont le simplisme leur semble manifeste. C'est qu'ils l'appréhendent à travers leur rationalité. C'est qu'ils sont les fils de Descartes.

Les penseurs et philosophes musulmans ont failli, dès le XVe siècle, déboucher sur les idées et principes qui fondent la modernité. Mais les dissensions à l'intérieur de l'empire, la découverte par les navigateurs européens de nouvelles voies commerciales annonçaient les prémices du déclin d'une civilisation qui priva ses savants de dignes continuateurs. On assiste alors à une régression multiforme. L'écriture elle-même recule. On a coutume de considérer que le monde arabe est de tradition orale. Rien n'est plus faux. Les hommes de science, penseurs et poètes arabes avaient à cœur de tout écrire. Les musulmans sont, dans l'acception la plus forte, des « gens du livre ».

Un jour, au début du VIIe siècle, dans le désert d'Arabie, un humble bédouin fut pris à la gorge par l'archange Gabriel qui lui ordonna :

« Lis. »

Le pauvre homme eut beau lui faire valoir qu'il était analphabète, l'injonction se répéta, encore plus pressante : « Lis, au nom du Dieu qui a créé. »

Et Mohammed apprit qu'il devait s'exécuter au nom de Celui qui a instruit l'homme au moyen de la plume.

Dans le Coran, les juifs et les chrétiens sont appelés « gens du livre », expression on ne peut plus respectueuse. Aujourd'hui encore, en arabe populaire algérien, on dit « il lit » pour parler d'un enfant qui va à l'école.

Le prestige de l'écrit est toujours vivace. A la publication de mon premier roman, mon père et ma mère, illettrés, palpèrent longtemps l'ouvrage en me contemplant avec une admiration mâtinée de frayeur. Pour eux, il n'y a qu'un Livre. Aurais-je commis l'hérésie de vouloir concurrencer le Prophète ? Leur soupçon prit corps en constatant que les lettres des pages de mon livre ne ressemblaient pas à celles du Coran.

L'oralité du monde arabe n'est qu'un effet du recul de l'enseignement. L'analphabétisme a favorisé la régression de la pensée arabe.

Newton expliqua la chute de la pomme par la force d'attraction terrestre, illustrant ainsi le principe de causalité. Les médecins arabes l'avaient découvert bien avant lui. En pratiquant la chirurgie, ils démontraient que la souffrance d'un malade n'était pas due à des « humeurs » mais à des organes qui fonctionnaient mal.

Ce déclin va ramener la pensée arabe à l'âge magique. Les « humeurs » redeviennent la cause des dysfonctionnements. Lorsqu'on se sent mal, on ne va pas consulter un médecin, mais on fait appel à un sorcier, qui use de pratiques occultes et hérétiques, ou à un *taleb* (au sens strict : étudiant), qui fournira des grimoires au patient. Ce sont des djinns (des esprits) qui malmènent le corps, expliquent la réussite ou l'échec.

On se souvient de l'histoire d'Ali Baba, tirée des *Mille et Une nuits*, chef-d'œuvre du conte arabe. Lorsque le héros se présente devant la grotte qui recèle le fabuleux trésor, il lui suffit de dire : « Sésame, ouvre-toi » pour que coulisse le roc qui en bouche l'accès. L'incantation devient opérante, il n'est point besoin d'un quelconque mécanisme.

Loin de contredire cette perception du réel, les produits de la technologie moderne contribuent à la renforcer. La télévision en est l'archétype. Assise face à l'écran, ma mère n'a aucun soupçon de l'ensemble des phénomènes électroniques qui permettent de transmettre une image. Comment la convaincre que les traits du visage qu'elle contemple ont été véhiculés au moyen d'ondes qui se propagent dans l'espace ? Qu'est-ce que cette chose qu'elle ne peut ni voir, ni toucher, ni entendre ni sentir, sinon un effet magique ?

Lorsque cette boîte tombe en panne, elle n'a pas l'idée d'appeler un réparateur, mais s'acharne sur le bouton de mise en marche, dans l'espoir que les esprits qui président au fonctionnement de l'appareil changeront d'humeur et accepteront de faire briller à nouveau l'écran.

Djamel Allam, célèbre chanteur algérien, aime rappeler une scène qui l'a profondément touché. Au cours d'un gala télévisé, il ne cessait de suer sous les feux des projecteurs. Sa mère qui suivait chez elle la retransmission se leva pour aller chercher une serviette et lui essuyer le front. Elle fut sans doute étonnée de n'être parvenue qu'à nettoyer l'écran.

L'électrification qu'affectionnait Boumediene donna souvent lieu à des situations cocasses. J'ai connu une famille de montagnards ravie de pouvoir s'éclairer en appuyant sur un simple bouton. Revenu leur rendre visite six mois plus tard, je leur exprimai mon étonnement de les voir de nouveau utiliser des bougies. Ils me firent comprendre que cela ne marchait plus. Je crus à une coupure momentanée. Tel n'était pas le cas. Un court-circuit aurait-il provoqué une disjonction ? Non. Il se trouvait que les ampoules avaient fini par griller l'une après l'autre et que personne ne savait qu'il fallait les remplacer.

Le credo islamiste est le suivant : c'est l'islam qui a fondé l'essor de la civilisation musulmane, il suffit d'y retourner pour retrouver l'âge d'or. Le sophisme apparaît évident, puisque le raisonnement ignore tous les changements historiques qui se sont produits depuis le VIIe siècle. Et pourtant son effet est indéniable auprès de larges couches de la population algérienne. L'imam qui affirme que la terre repose sur les cornes d'un taureau aura raison contre Copernic. Galilée aurait à refaire amende honorable et à renier son enseignement.

ENSEIGNEMENT ET MÉDIAS

Une terre fertile

La politique d'éducation épaissit d'une nouvelle strate le terreau intégriste. Les pas de clercs et les incohérences des programmes d'enseignement constituent sans doute une des causes du retour de la barbarie.

En octobre 1962, à la veille de la première rentrée scolaire de l'Algérie indépendante, la situation était catastrophique. Le grand exode des pieds-noirs laissait des élèves et des écoles sans maîtres. Il fallut recourir à des solutions d'urgence. On rameuta tous les citoyens qui savaient lire et écrire. Certains Français, à titre individuel ou dans le cadre d'accords de coopération, acceptèrent de venir occuper les estrades désertées par leurs compatriotes. La prestigieuse Égypte de Nasser fut appelée au secours. Mais les riverains du Nil qui débarquèrent chez nous se révélèrent d'une compétence très limitée. Au-delà d'une condescendance qui irritait la fierté sauvage des Algériens, ils servirent surtout à propager l'idéologie panarabe du parti Baas qui faisait de la langue du Coran le socle d'ancrage d'une renaissance mythique. Ils parvinrent ainsi à influencer ceux qui dirigeaient l'Éducation nationale, en dépit des nombreuses mises en garde de conseillers nationaux et étrangers qui leur faisaient valoir qu'on ne pouvait bouleverser du jour au lendemain un système d'enseignement. Leurs avis ne furent pas entendus. Comme en un autre domaine, on fit la sourde oreille aux propos du pourtant très prestigieux Fidel Castro, qui tenta de dissuader Boumediene de procéder à l'arrachage de la vigne, dont la fermentation du très juteux fruit revenu représentait à l'époque le principal produit d'exportation.

La question linguistique devint un brûlot. La nécessité de se réapproprier la langue arabe, que les Algériens faillirent perdre durant la période coloniale, n'était niée par personne. La chose étant admise, il ne s'agissait plus que d'une question de méthode et de temps. Un débat technique, en quelque sorte. On en fit une affaire politique, affirmant l'incompatibilité d'une coexistence arabe/français. Une stupide formule fit alors fortune, qui déclarait qu'une écriture qui se déliait de droite à gauche ne pouvait que se télescoper avec celle fonctionnant en sens inverse.

On adopta un moyen terme, ce qui constitue toujours la pire des solutions. Deux filières furent créées, l'une arabisée, et l'autre bilingue.

L'administration et l'économie continuaient à utiliser le français.

Les grands commis de l'État, les bourgeois, petits ou grands, surent orienter leurs enfants vers la bonne formation. Beaucoup les placèrent dans les trois lycées français, car ils envisageaient de les envoyer à l'étranger poursuivre leurs études dès l'obtention de leur baccalauréat. Ces jeunes gens reviennent avec des diplômes prestigieux et n'éprouvent aucune peine à accéder, dès le début, aux postes de direction les plus enviés.

Aux fils des ruraux, des ouvriers, des plus démunis, on proposait une formation qui aboutissait à l'impasse. On y poussait aussi les moins doués des élèves tout en sachant que la qualité du corps enseignant laissait à désirer. Ceux qui parvenaient néanmoins au bout de leur cursus découvraient l'absence de débouchés. Ils n'avaient comme issue que l'enseignement. Et ces frustrés eurent alors à cœur d'en produire d'autres. En faisant valoir à leurs élèves que la langue sacrée ne saurait être délaissée, sous prétexte de modernité, au profit d'un vocable hérétique, ils favorisèrent leurs succès aux examens en leur octroyant des notes largement gonflées, car ils espéraient, en se comptant plus nombreux, provoquer le raz de marée susceptible de balayer leurs rivaux.

Plusieurs centaines de milliers d'enfants se nourrissaient ainsi de ce discours chaque jour recommencé. Ceux qui écoutèrent la voix de leur maître et se retrouvèrent dans l'enseignement servirent de caisse de résonance.

Je souhaite vous raconter le cas de l'École supérieure de commerce d'Alger où j'ai longtemps enseigné.

La formation de licence, d'une durée de quatre ans, a été arabisée. Nos diplômés sont destinés aux banques et aux directions financières des entreprises. Il se trouve malheureusement que celles-ci travaillent encore en français. Les demandes d'emploi de nos étudiants étaient systématiquement rejetées sous divers prétextes, parce que les dirigeants de ces organisations ne pouvaient invoquer la question linguistique. Le directeur de l'École, pour résoudre le problème, instaura une post-graduation de deux ans en français, en réalité simplement vouée à familiariser les étudiants avec la terminologie française susceptible d'augmenter leurs chances de se faire recruter.

Après trois ans, ils réclamèrent l'arabisation de la post-graduation.

Il y eut surtout chez les enseignants un sentiment de révolte qu'ils ne se firent pas faute de transmettre à leurs élèves. Ces déçus ne manquèrent pas de détruire les valeurs auxquelles auraient pu adhérer ceux qui devaient les écouter.

Leur rejet d'un système qui ne les valorisait pas se transforma en apologie de l'idéologie intégriste. Si dans de nombreux pays du monde les postes de l'enseignement public sont mal rémunérés, il est impossible, en Algérie, qu'un instituteur puisse vivre avec son salaire.

Cette rancœur a poussé les enseignants jusqu'au refus d'inculquer à leurs auditeurs les rudiments des valeurs civiques qui fondent la vie en société. Comment en vouloir à ceux qui, devenus adolescents, se comportent comme des vandales? Ils ont poussé comme des plantes sauvages. Ils pissent où bon leur semble, détruisent les cabines téléphoniques, crachent sur vos souliers, déchirent les fauteuils des salles de cinéma, insultent les vieillards, bousculent les femmes, bafouent les règles, ignorent le code de la route, jettent les ordures par les fenêtres.

Ces instituteurs aigris s'abstiennent aussi de cultiver chez les enfants qui leur sont confiés le sens du beau. Ces élèves ne mettront jamais les pieds dans un musée ni ne pourront visiter une exposition de peinture. Ils ignoreront cette dimension esthétique que nul ne s'est préoccupé de développer chez eux.

L'accoutrement de nos jeunes gens est invraisemblable. En dessous du blouson de cuir, le long *qamis* cache le pantalon d'un survêtement, tandis que les pieds sont chaussés d'espadrilles. Il s'agit peut-être d'une nouvelle mode vestimentaire. Elle dénote en tout cas une totale absence de goût.

Nul d'entre eux ne songe à aller admirer les œuvres d'Issiakhem, de Khadda ou Baya. Ils n'iront pas non plus visiter Timgad la romaine, ni Mansourah la mérinide, dont le minaret est un chef-d'œuvre de l'art hispano-maghrébin. Près de Tipaza, on pilla les blocs de pierre du Mausolée mauritanien pour construire des villas. Dans la superbe grotte de Tlemcen, on stocka des pommes de terre. Ceux qui avaient à veiller sur les précieuses patates, pour se désennuyer, inventèrent un superbe jeu d'adresse où, pour un nombre de pierres données, le vainqueur serait celui qui briserait le plus grand nombre de stalactites.

Les membres de la troupe du Bolchoï, venus à Alger pour la première fois de leur vie, en représentation exceptionnelle, pour une unique soirée, constatèrent qu'ils étaient plus nombreux que les spectateurs. La grande Nina Simone se fit huer sur scène. On dut décrocher, comme je l'ai raconté, les tapisseries de Picasso.

La folle démographie a contribué à accélérer la déréliction du monde et des valeurs. On peut se demander si elle n'est pas à l'origine de tous les maux de l'Algérie. De neuf millions en 1962, le pays est passé à vingt-cinq millions d'individus. Une croissance de la population de 3,1 % exerce une insoutenable pression sur toutes les infrastructures du pays.

Les maternités des hôpitaux ne désemplissent jamais, et la profusion de nourrissons est telle qu'ils sont traités comme des poussins dans un couvoir. Ils sont parfois intervertis. Il arrive même qu'on en perde. Les parturientes accueillent leur nouveau-né avec une espèce de placidité bovine où les gestes relèvent plus de l'instinct animal que de la tendresse maternelle.

Les quatre mille salles de classes construites chaque année ne parviennent plus à accueillir les enfants qui se présentent pour la première fois aux portes des écoles. Il a fallu mettre en œuvre un système dit de double rotation. Chaque instituteur reçoit alternativement deux lots d'élèves dans la journée.

Les villes sont surpeuplées. Dans les rues, le grouillement humain est frappant. On dort souvent à vingt dans des appartements exigus. L'adolescent s'allonge près de sa sœur. Cette promiscuité excite les désirs et mène parfois à des situations que la famille ne sait plus comment cacher aux voisins. Le fils marié fait l'amour à côté de sa mère ou de son père. Pour simplement changer d'habits, il faut attendre le moment propice. Il est courant de rencontrer dans la rue une fillette transportant dans un sachet vingt baguettes de pain nécessaires au dîner familial.

La croissance de l'économie étant inférieure à celle de la population, il est clair que le niveau de vie ne peut que diminuer. Le nombre de chômeurs ira en augmentant, alors qu'aujourd'hui déjà celui qui bénéficie d'un emploi a en moyenne dix bouches à nourrir.

Il est exclu que la production agricole puisse satisfaire la consommation nationale. L'Algérie importe actuellement 60 % de ses besoins en produits alimentaires.

Comme une peau de chagrin, la surface agricole utile n'a cessé de se réduire. Au sud, la remontée du désert est implacable. Sur les Hauts-Plateaux, la couche de terre arable ne mesure plus que dix centimètres. L'alfa, qui nourrit les moutons, est devenu nain, alors que trente ans auparavant la plante montait à ceinture d'homme. Il faudra dix lustres pour reconstituer le terreau. En attendant, l'élevage ne fera que péricliter.

Au nord, l'absence d'entretien des forêts, déjà mises à mal, durant la guerre de libération, par les bombes au napalm françaises, a accru les effets de l'érosion. En 1971, la loi de collectivisation des terres est venue aggraver cette dégradation. Menacés d'expropriation, les propriétaires se hâtèrent de mettre, illégalement, à l'encan leurs terres découpées en petits lots. Les acquéreurs se bousculèrent à leur porte. En effet, ce projet évoqué dès les années 60, puis repoussé à plusieurs reprises, avait sécrété une mesure qui bloquait les transactions foncières. Ceux qui rêvaient de construire une bicoque pour abriter leur nombreuse progéniture se ruèrent sur l'aubaine, tout en sachant qu'ils ne disposeraient jamais d'un acte officiel de vente. Ils remirent ainsi en vigueur les procédures coutumières où les contrats se concluaient sur simple accord verbal en présence de témoins.

Les grandes fermes se transformèrent en gros bourgs.

Il suffit de pénétrer dans ces agglomérations pour vivre un cauchemar sous le soleil ardent. C'est l'univers de Mad Max à la mode algérienne.

Cela ne ressemble pas aux bidonvilles. Toutes les maisons sont bâties en dur. Mais, en l'absence de plan directeur et de respect des plus élémentaires règles d'urbanisation, les occupants se retrouvèrent dans des situations cocasses ou dramatiques. Celui qui jouissait d'un superbe panorama voit avec angoisse un énorme blockhaus surgir à un mètre de ses fenêtres. Une nouvelle construction vient isoler celle à laquelle elle s'adosse, en lui bouchant son unique voie d'accès. Il n'y a pas d'égouts et les eaux usées de l'un se déversent devant le seuil de l'autre. Celui dont la villa dépasse d'un étage celle du voisin est accusé de voyeurisme, sinon d'attentat à la pudeur, car de son balcon il pourra observer les allées et venues de la femme et des filles d'à côté. Celui qui, par miracle, a pu disposer de l'électricité est tenu de faire dériver de nombreux fils vers ses voisins, étant entendu que le montant de la facture sera divisé en parts égales quelles que soient les consommations individuelles. Cela ne peut manquer de soulever de nombreuses réclamations, certains se déconnectant au profit de nouveaux candidats. Inutile de parler de sécurité. Ceux qui, par un plus grand miracle, bénéficient de l'eau courante doivent supporter un incessant défilé devant le précieux robinet.

En tout état de cause, ces terres ont été soustraites de la surface agricole utile.

Dans vingt ans, et si ces constructions anarchiques sont vigoureusement bloquées, la superficie cultivable ne représentera plus que 0,2 hectare pour chacun des cinquante millions d'Algériens.

Dans cinquante ans, l'eau des barrages ne pourra même pas suffire à l'alimentation en eau potable. Plus aucun hectare ne sera irrigué dans un pays semi-aride.

Qu'ont fait nos planificateurs pour prévenir la prévisible apocalypse ?

Boumediene croyait dur comme fer que le nouveau dragon africain qu'il était en train de forger pourrait nourrir cinquante millions d'individus, en échangeant ses produits industriels contre des vivres. Comme il ne prisait guère la contradiction, ses ministres, pour garder leur poste, durent abonder dans son sens.

Les pharmacies algériennes furent les premières du monde arabe à mettre en vente les pilules contraceptives, à bas prix et remboursables par la Sécurité sociale. Mais on ne fit rien de plus.

On omit d'expliquer aux paysannes le mode d'emploi du médicament. Négligeant de prendre chaque soir leur comprimé, après avoir constaté l'absence de leurs règles, elles avalaient la moitié d'une plaquette et se retrouvaient quelques heures plus tard à l'hôpital.

Mais il y eut surtout la fondamentale réticence des mâles, maris ou pères, qui n'admettaient pas de voir ainsi la femme assumer librement sa sexualité. Mille et une embûches sournoises vinrent limiter l'usage du contraceptif. Sous prétexte d'inscrire la vente dans un registre, les clientes durent présenter leur carte d'identité. Puis il leur fallut exciper d'une ordonnance, et, par la suite, d'un livret de famille devant accompagner le document médical.

Quant aux campagnes publicitaires en faveur de l'espacement des naissances, elles furent d'un ridicule qui les tua rapidement.

Bien entendu, l'avortement est interdit. Les médias ne contribuèrent pas peu à exacerber les contradictions sociales.

Le fondamentalisme est la forme première de réaction contre les politiques modernistes mises en œuvre par certains régimes arabes. Il faut souligner que ce mouvement a épargné les pays les plus conservateurs.

Ce n'est pas dans ses produits que les traditionalistes récusent la modernité. Ils utilisent sans rechigner la voiture, l'avion, le téléphone, etc. En fait ce sont les mœurs occidentales qu'elle donne à voir et à imiter qui les agressent. Le fils de paysan découvre dans son manuel scolaire que la maman modèle porte une jupe alors que la sienne est revêtue d'une gandoura. Le papa livresque, rentré chez lui, lit le journal alors que le vrai père est analphabète.

Mais le plus grand coupable est sans aucun doute la télévision. Le diabolique appareil entre dans les foyers avant la cuisinière et le réfrigérateur. Le choc provoqué par l'irruption des images est énorme dans une société baignant dans une culture puritaine. Alors qu'il est considéré comme indécent pour un adolescent d'écouter en présence de son père la plus anodine des chansons, l'exiguïté des logements dans les villes va les contraindre à absorber de concert une pléthore d'images agressives. En dépit de la vigilance des censeurs, qui veillent à cisailler les nus, les baisers et les scènes d'amour, les séries américaines n'en charrient pas moins un contenu provocant. Le comble est atteint dans les feuilletons arabes qui singent les productions occidentales. Les films égyptiens en sont l'archétype. A les suivre, il est difficile de deviner que les scènes se déroulent dans une rue du Caire ou d'Alexandrie. Les costumes et les robes ressemblent aux derniers modèles de Dior. Devant l'immense villa, il y a toujours de nombreuses voitures garées. Le samedi soir, le couple va se divertir dans une boîte de nuit et se démène sur la piste de danse au rythme d'un rock effréné.

Tant que la scène se déroule à Dallas et que les acteurs s'expriment en anglais, le téléspectateur peut considérer qu'il n'est pas concerné par les mœurs de ces lointains pays. Mais entendre les héros s'exprimer dans la langue maternelle de celui qui est assis face à l'écran constitue une agression encore plus intolérable. Tenter de faire croire au téléspectateur que ses stars ont un comportement identique et aussi permissif que celui des Occidentaux devient inadmissible. Il trouve intolérable, invraisemblable qu'une fille ramène son petit copain chez elle. Il est bien obligé d'en déduire que le pouvoir tente de lui indiquer une voie à suivre que récuse toute sa culture. Sa révolte va s'exprimer *a contrario* dans la manifestation de sa différence. Les islamistes justement la lui proposent.

[illegible] différentes armes
ayant des préférences [illegible]. Les [illegible]
[illegible] [illegible] des [illegible]
[illegible] de [illegible] que les [illegible] de [illegible]
dans une [illegible] ou [illegible] et les con-
[illegible] et [illegible] aux [illegible]
[illegible] [illegible]. Il y a
toujours de nombreux volontaires [illegible]
[illegible] la [illegible]
et [illegible] la [illegible] de [illegible] au [illegible]
[illegible].

Tout [illegible] que les
[illegible] en [illegible]
[illegible]
[illegible] de ces [illegible] pays. Mais [illegible]
[illegible] dans la [illegible]
[illegible] [illegible]
[illegible] par la [illegible]
[illegible] que [illegible]
[illegible] que
celui des [illegible]
[illegible]
[illegible] bien [illegible]
[illegible]
[illegible]
[illegible]
[illegible]
[illegible].

IV

De la démocratie en Algérie

DÉMOCRATIE

Loi divine ou loi humaine

Que signifie la démocratie ? Le droit pour chaque citoyen de désigner librement ses représentants ? Pourquoi a-t-on pendant si longtemps privé les femmes de ce droit ? Et surtout, pourquoi ne peut-on l'exercer qu'après avoir atteint un âge donné ? Sans doute parce qu'on estime qu'un enfant n'est pas en mesure de choisir. Mais qu'est-ce qu'un enfant ? Un être immature. N'existe-t-il pas d'autres formes d'immaturité ?

J'aimerais raconter ce qui m'est arrivé en 1984, lors de la réélection de Chadli à la présidence. A l'époque du Parti unique, à la veille de chaque scrutin, qui de toute façon ne pouvait que confirmer le bon choix réalisé par nos gouvernants, les autorités laissaient se répandre la rumeur selon laquelle les citoyens, pour postuler à un emploi ou obtenir une quelconque pièce d'état civil, devaient exhiber leur carte d'électeur et prouver ainsi qu'ils avaient bien accompli leur devoir civique. Il fallait bien permettre aux caméras nationales et étrangères de fixer pour l'histoire et l'édification du monde les images du Peuple affluant vers les urnes.

J'avais décidé au début de ne pas me déranger. Et puis, au dernier moment, je me ravisai, estimant qu'il n'y avait aucune raison de m'abstenir d'exprimer mon opinion. Il était 18 heures. La nuit tombait. Parvenu devant l'école où se déroulait le scrutin, je constatai avec étonnement que les salles étaient plongées dans l'obscurité. Descendu de ma voiture, je vis le garde champêtre en train de cadenasser le portail d'entrée. Je lui fis part de ma surprise.

– Qu'est-ce que tu veux ? me demanda-t-il avec agressivité.

– Je veux aller voter.

– C'est trop tard. C'est fermé.

Je lui fis remarquer qu'on avait annoncé, à cor et à cri, *urbi et orbi*, que les bureaux resteraient ouverts jusqu'à 20 heures.

– C'est vrai, admit-il. Mais nous sommes en hiver, et il fait déjà nuit.

Je lui confirmai mon intention d'aller glisser mon bulletin dans l'urne.

– Est-ce que tu es inscrit sur la liste électorale ? questionna-t-il, un rien soupçonneux.

– Bien entendu.

– Tu as ta carte d'électeur ?

– La voici.

– Dans ce cas, me répondit-il avec un large sourire, tu n'as aucun souci à te faire. On a déjà voté pour toi.

Mon interlocuteur distingua le froncement de sourcils qui soulignait ma stupéfaction.

– Mais bien sûr, m'expliqua-t-il avec bienveillance. Avant de fermer le bureau, on consulte la liste, et on glisse dans l'urne les enveloppes de tous ceux qui n'ont pu se déplacer. C'est normal.

– Vraiment ?

– Tiens, poursuivit-il en sortant une immense liasse de cartes de sa poche. Tu sais que je suis chargé de les distribuer. J'ai ici celles que je n'ai pas pu remettre à leurs destinataires. La plupart habitent au sommet d'une montagne, et je ne disposais ni d'un moyen de transport ni du temps nécessaire. Eh bien, j'ai résolu le problème en votant pour eux. Par conséquent, tu peux retourner chez toi la conscience en repos, ton bulletin se trouve au fond de l'urne.

Je me permis de lui faire observer qu'on disposait cavalièrement de ma voix.

– Pourquoi ? objecta-t-il, sincèrement ébranlé. Tu n'avais pas l'intention de voter pour Chadli ?

– Cela me regarde.

– Tu as raison, reconnut-il. Nous sommes en démocratie. Mais je ne peux rien pour toi. Je te conseille d'aller voir le responsable. Il se trouve au bureau spécial, là où tu vois briller la lumière. Fais vite. Parce que je dois fermer et rentrer chez moi.

La salle était encombrée d'urnes au couvercle ôté. De nombreuses enveloppes traînaient sur le parquet. Le chef de bureau m'accueillit avec une crainte manifeste. Il dut me prendre pour un représentant du Parti. Il recouvra toute son assurance en apprenant que je n'étais qu'un simple citoyen désireux de participer au scrutin.

– Désolé, mais c'est fermé, m'affirma-t-il en me désignant de la main les urnes ouvertes.

Je dus à nouveau souligner l'anomalie. Mon interlocuteur se mit à hocher la tête, tandis qu'un sourire condescendant adoucissait l'austérité de sa mine. Venait-il de reconnaître le voisin qu'il croisait souvent dans la rue ? Crut-il avoir affaire à un représentant de cette race d'emmerdeurs qui mettaient leur point d'honneur à déroger aux règles ? Estima-t-il que je faisais partie de ces intellectuels utopistes qui croyaient en la démocratie ? Je ne sus. Toujours est-il qu'il adopta un ton apaisant et fit l'effort de m'expliquer.

– Nous devons compter avec le temps, dit-il d'un ton suave. Le résultat final doit être proclamé à minuit à la télévision. Tous les procès-verbaux doivent donc parvenir à la Wilaya (préfecture) à 10 heures. Pour contrôler ces documents, la Daïra (sous-préfecture) les veut à 20 heures. Comment donc attendre l'heure légale de fermeture des bureaux de vote ?

Son sourire s'élargit afin de souligner la magistrale démonstration.

– Que ferais-tu à ma place ? ajouta-t-il, certain de m'avoir convaincu.

– Je veux voter.

Mon obstination l'attrista. Il n'était pas loin de considérer qu'il s'était trompé d'interlocuteur et que sa méritoire affabilité n'était pas payée de retour.

– Que désirez-vous ?

L'expression, peu populaire, et le vouvoiement étaient destinés à marquer une nouvelle distance. Le responsable local du Parti venait sans doute de forger sa conviction : il faisait face à un intellectuel emmerdeur, ou vice versa.

– Je veux voter.

– Bien, concéda-t-il, comme pour se débarrasser au plus vite d'un importun. Nous allons vous inscrire sur la liste spéciale.

Ma mimique lui signifia que je ne comprenais pas.

– La liste spéciale est destinée aux gens dont le nom ne figure pas sur la liste ou qui ne disposent pas de leur carte.

– Mais ils ne devraient pas être admis, lui fis-je naïvement remarquer.

– On ne peut tout de même pas refouler des citoyens venus exercer leur droit.

– Ce n'est pas légal.

Il jeta sur moi un regard perplexe. Devait-il me classer dans la catégorie des Martiens fraîchement débarqués en Algérie ou dans celle des « hypocrites opposants » ?

– Donnez-moi votre carte, je vais inscrire votre nom et vous pourrez voter.

– Mais mon nom figure déjà sur une de vos listes.

Je dus m'incliner et, après avoir transité par l'isoloir, je revins vers lui, brandissant mon enveloppe.

– Où est-ce que je la glisse ?

– Où il vous plaira, répondit-il, avec un mouvement du menton qui m'offrait le choix entre toutes les urnes éventrées.

En sortant, je retrouvai le garde champêtre qui m'attendait.

– Alors ? me demanda-t-il.

Mon hochement de tête lui indiqua que j'étais parvenu à mes fins.

– Parfait, parfait, approuva-t-il. Je crois que nous habitons dans le même quartier. Je peux remonter avec toi ?

En chemin, il me fit quelques confidences.

– Tu ne peux pas deviner, m'assura-t-il, ce qui peut se passer dans un bureau de vote. C'est inimaginable. Figure-toi que, dans l'urne provenant du bureau réservé aux femmes, on a trouvé quarante bulletins « Non ». Heureusement qu'on a pu s'en rendre compte et les changer. Ce qui m'inquiète le plus, poursuivit-il, c'est ce qui doit se passer dans l'esprit de ces êtres pour arriver à une telle extrémité. Elles ne sont sûrement pas heureuses en ménage.

Les Français ont tendance à oublier le patient travail d'éducation accompli par ce titan de Jules Ferry et ses émules et qui permit d'inculquer aux citoyens les valeurs républicaines et civiques. Leur culture en est tellement imbue qu'ils les considèrent comme naturelles désormais. Mais ce travail ne fut pas entrepris dans tous les pays, et notamment pas dans le tiers monde.

L'Algérie connut ses premières élections en 1948. Il s'agissait de désigner les élus de l'Assemblée algérienne. Le gouverneur de l'époque, un certain Edmond Naegelen, devint célèbre pour avoir présidé à une superbe mascarade électorale.

Les suffrages auxquels les Algériens furent par la suite conviés se déroulèrent de façon encore plus caricaturale.

Durant la guerre de libération, les camions de l'armée française partaient dans les douars charger les adultes afin de les ramener jusqu'au bureau de vote. Pour avoir le droit d'être transportés au retour, les citoyens devaient exhiber le bulletin « Non » qu'il ne fallait pas plonger dans l'urne.

Avec l'indépendance et l'instauration d'un régime de parti unique, nos montagnards constatèrent un seul changement, lors des scrutins : les véhicules n'appartenaient plus à l'armée.

Comment alors attendre de nos gens qu'ils aient le sentiment d'accomplir un acte important en laissant glisser leur enveloppe dans une boîte ?

L'inconscient collectif algérien est habité par la conviction que l'État est une institution oppressive.

De l'administration turque qui dura jusqu'en 1830, les habitants ne retiennent que le terme de *beylik*, synonyme de levée d'impôts. Après la conquête française, les chefs des bureaux arabes vont faire payer aux vaincus un lourd tribut. Les principaux chefs de tribus seront exécutés ou exilés. Les seconds couteaux connaîtront un sort bien plus cruel : ils seront emprisonnés. Enfermer un guerrier arabe, c'est d'abord l'humilier. Il préfère la mort.

Puis vinrent les amendes, qui sanctionnaient ceux qui s'étaient levés pour combattre l'envahisseur. Puis les séquestres, de sinistre mémoire, qui permettaient de déposséder les propriétaires fonciers récalcitrants, pour offrir les terres aux colons qui accouraient d'au-delà de la mer. La voix de mon père tremble encore lorsqu'il lui arrive de prononcer ce mot.

Puis il y eut les deux guerres mondiales, et la conscription qui menait des Algériens face à des Allemands dont ils ne soupçonnaient pas l'existence quelques jours auparavant.

Puis il y eut la guerre de libération nationale et la répression qu'ils durent subir. Jamais on ne vint se préoccuper de leur sort. Ils connurent la faim et les épidémies, la misère et les maladies.

Cela ne changea guère après l'indépendance. Les uniformes des gendarmes et des soldats ressemblaient à s'y méprendre aux précédents. Les anciennes lois furent reconduites. On maintint les mêmes impôts.

Nos successifs gouvernants nous serinèrent durant des décennies que nous étions le pays qui consacrait le plus gros budget à l'Éducation nationale. C'est seulement en 1989 que nous apprîmes que le taux d'analphabétisme était de 46 %.

Comment, lors des élections législatives du 26 décembre 1991, ces illettrés auraient-ils pu choisir leur candidat parmi les trente-six noms de la liste ? Ceux qui vinrent les secourir avaient des idées bien arrêtées et des barbes opulentes.

Comment surtout leur expliquer cette confuse histoire d'un scrutin à deux tours ? Pourquoi devraient-ils retourner aux urnes trois semaines plus tard alors qu'ils avaient déjà exprimé leur choix une première fois ?

Les états-majors de nos gouvernements, très au

fait des modalités de mise en œuvre de la démocratie représentative occidentale, ont élaboré pour l'Algérie des systèmes semblables et parfois encore plus sophistiqués. Les municipales sont régies par un scrutin de liste à la proportionnelle avec prime à la majorité. Les députés sont désignés selon un scrutin uninominal majoritaire à deux tours. Comment le simple citoyen pourrait-il comprendre ces subtilités ? La moitié de nos compatriotes ignorent quel est le rôle de l'Assemblée. Pour nos analphabètes, c'est bien entendu le tenant du pouvoir qui en même temps promulgue et applique les lois. C'est la raison pour laquelle il n'est à leurs yeux qu'une seule élection qui ait un sens : la présidentielle. Pourquoi dans ce cas participeraient-ils à un scrutin dont on ne leur a expliqué ni le but ni le fonctionnement ? De l'ouverture démocratique, ils ont retenu qu'ils n'étaient plus, comme par le passé, tenus de se rendre aux urnes sous peine de subtiles représailles. Ils sont donc restés chez eux.

Il est d'ailleurs certain que du temps du parti unique, les taux de participation étaient éhontément gonflés.

Lorsqu'on parle d'électeurs, on imagine un citoyen qui, après avoir réfléchi, opte pour le candidat ou le programme qui le séduit.

Dans nos campagnes, qui regroupent 56 % des habitants, la réalité est bien différente.

Lors des élections du 26 décembre 1991, le candidat d'un parti politique, choisi dans le terroir, reçut un jour des milliers d'affiches de propagande qu'on le chargeait de faire placarder. Offusqué, il fit le déplacement jusqu'à Alger pour expliquer à sa direction qu'elle pouvait reprendre sa littérature et en échange lui fournir de quoi acheter une trentaine de moutons.

Notre homme était au courant des usages.

Ce sont les chefs des tribus, des clans ou des grandes familles qui décident pour leur communauté vers quel candidat doivent s'orienter les suffrages. La tractation se conclut entre le notable et le politicien autour d'un bon méchoui. Par conséquent, la campagne d'un prétendant se résume à prendre langue avec ces « grands électeurs ». A l'issue du repas, il saura s'il pourra ou non disposer des milliers de voix que représente son invité. Un strict code d'honneur régit cette coutume. Celui qui a promis ses voix à un candidat ne doit pas laisser espérer ses rivaux. Lorsque, après des négociations, au vu des demandes et des promesses faites, le chef s'est prononcé en faveur d'un nom, les membres de la communauté qui ne respectent pas ce choix sont perçus comme des renégats.

Ainsi, il est souvent inutile pour un prétendant aux suffrages d'attendre les résultats. A l'issue de ses rencontres, il saura de combien de bulletins il disposera.

Il n'est pas possible d'oublier que la démocratie d'Athènes s'accommodait fort bien de l'esclavage. Elle était réservée aux citoyens.

Que l'Occident, dont les idées influencent la planète tout entière, l'érige au rang de panacée est compréhensible. Ses règles ne peuvent cependant s'appliquer aveuglément.

Quant à la démocratie en Algérie, il convient de reprendre l'expression de Kateb Yacine, qui, dans son roman fondateur, attribue cette phrase à l'un des quatre protagonistes qui se disputent les faveurs de la fascinante Nedjma : « Son absence nous unit, sa présence nous divise. »

En Algérie, elle a favorisé la montée de l'intégrisme. Dans les pays de l'Europe de l'Est, on assiste à l'émergence des mouvements populistes et souvent néo-fascistes. En Afrique, la résurgence du tribalisme est une réelle menace de désintégration des États.

Bien entendu, ce n'est pas la démocratie qui est en cause. La question est de savoir s'il est prudent de passer d'un régime dictatorial à la démocratie sans ménager une période de transition.

LA RÉACTION DE L'OCCIDENT

Ponce Pilate

Vis-à-vis de l'expérience politique algérienne, les Occidentaux ont eu l'attitude de cette catégorie de médecins qui s'intéressent plus à la maladie qu'à l'état du patient et aux risques qu'il encourt. Le cas était inédit et fournissait donc un excellent sujet d'étude. Un réel processus de démocratisation dans un pays du tiers monde était chose assez rare pour mériter l'attention. L'éventualité de l'arrivée au pouvoir d'un régime islamique en soulignait la singularité.

Quant au sort du malade, ils s'en lavent les mains, comme Ponce Pilate l'a fait lors de la crucifixion de Jésus. Il ne s'en estima pas responsable.

Ils acceptaient ainsi de passer par pertes et profits le cauchemar quotidien qu'auraient vécu les millions d'individus qui ne partagent pas les idées des islamistes. Ces derniers promettaient l'instauration de tribunaux populaires pour juger les « mal-pensants », la lapidation des femmes adultères, la mutilation des voleurs à la tire, l'obligation pour les filles de porter le *hidjab*, l'interdiction de la mixité à l'école, etc. Le projet intégriste, dans son radicalisme et dans sa démesure, tient à la fois de la révolution culturelle chinoise et du régime des Khmers rouges.

On ne peut pas ne pas en être convaincu. Le pire n'est pourtant pas le moins probable. On a bien atteint les sommets de l'horreur en Chine et au Cambodge. Cela se passe encore en Iran et au Soudan.

Infimes rides qui plissent notre mémoire !

J'ai un jour lu dans la presse que les Khmers rouges prenaient le pouvoir à Pnom Penh. Quelques années plus tard, j'ai appris qu'ils l'avaient perdu. Mais quelle somme de malheurs et de drames ce bref (au sens historique) intermède n'a-t-il pas occasionnés ? Ceux et celles, si nombreux, qui eurent à vivre l'atrocité intégrale peuvent-ils l'évoquer avec tant de détachement ? Pour eux, le temps avait sans doute suspendu son vol.

Il fallut l'immense talent de Soljenitsyne, le formidable acharnement de Sakharov, et le courage de tant d'autres intellectuels dissidents soviétiques pour faire prendre conscience aux intellectuels européens de l'abjection du goulag stalinien, occultée alors par l'utopie socialiste. Leurs émules s'obstinent à ignorer ce qui se passe en Iran et au Soudan.

Je cite à titre d'exemple le bulletin d'Amnesty International de mars 1992 :

« Torture, détention secrète et procès inéquitables continuent d'être signalés au Soudan. Au moins quatre-vingts civils et officiers de réserve ou d'active, arrêtés en août 1991 parce qu'on les soupçonnait de tramer un coup d'État, ont été détenus dans des centres de détention secrets, appelés " maisons fantômes ", où on les a sévèrement torturés. Les prisonniers, dont les anciens ministres Abd al Rahman Abdallah Nugdallah et Mirghani Abd al Rahman Suleiman, auraient été battus à coups de matraque de caoutchouc, on leur aurait comprimé les testicules avec des tenailles et ils auraient fait l'objet de simulacres d'exécution. Un détenu aurait été marqué au fer rouge et obligé de se rouler sur une surface de ciment rendue brûlante par le soleil. Un autre prisonnier, âgé, a été ligoté et suspendu trois nuits à un mur.

« En septembre, cinquante-trois des prisonniers ont été jugés inéquitablement et à huis clos, par un tribunal militaire. Chaque procès individuel n'a duré que quelques minutes et aucun des accusés n'a pu se faire représenter par un conseil. En décembre, on a annoncé que onze prisonniers avaient été condamnés à mort, mais que leur peine avait été commuée en réclusion à perpétuité. Trente-cinq autres ont été condamnés à des peines allant jusqu'à vingt ans d'emprisonnement, et sept ont été acquittés. »

On sait que cette organisation basée à Londres

n'a pas l'habitude de fabuler. Trouve-t-on la plus petite mention de ces monstruosités dans les médias occidentaux?

On n'a pas cru non plus le chef du parti nazi lorsqu'il parlait d'instaurer en Allemagne une dictature dont il serait le Führer. On n'avait pas cru qu'il exterminerait les juifs, alors qu'il avait clairement annoncé qu'il les considérait comme la source de tous les maux.

Les Occidentaux tiennent à rappeler que le FIS a gagné les élections du 26 décembre. Les intégristes de la démocratie rejoignent en de nombreux points ceux de l'islam. Les uns et les autres se crispent sur des principes dont ils exigent l'application littérale. Comme il est exclu d'accommoder la loi divine, on ne doit pas transiger avec le principe démocratique.

La démocratie suppose que soient réunies les conditions qui en permettent le sain exercice. On se souvient que c'est la démocratie de la république de Weimar qui a permis l'accession d'Hitler au pouvoir. Si, à l'époque, certains patriotes allemands avaient usé de la force pour stopper la marche du parti nazi, ils n'auraient pas manqué d'être condamnés par les inconditionnels de la démocratie. Mais qui, aujourd'hui, en Occident, adopterait une attitude identique après le drame de la Seconde Guerre mondiale?

Les Européens gardent un souvenir vivace de la barbarie nazie, parce que des millions d'entre eux l'ont subie dans leur chair. Mais, parce qu'ils vivent loin des dangers de l'intégrisme, ils estiment excessives les comparaisons auxquelles on procède. Ils ne les entendent que comme introduction du procès en règle qui va s'ensuivre. Tous les arguments mis en avant seront donc reçus avec scepticisme.

Et pourtant, lorsqu'on observe les méthodes d'action du FIS en Algérie, on ne peut s'empêcher d'établir de troublants parallèles avec les mouvements fasciste italien et nazi allemand. On y remarque un même souci de différenciation vestimentaire. Aux chemises noires ou brunes correspondent le *qamis* et la barbe. Leurs militants aiment se coudoyer dans d'immenses meetings afin de se compter et d'éprouver cet enivrant sentiment de puissance de se voir ainsi par milliers regroupés. Ils vibrent de conserve aux discours enflammés de leurs tribuns. Cela donne lieu à des orgasmes collectifs. Les mots d'ordre qu'ils clament finissent par acquérir un contenu magique. Fascisme, national-socialisme ou république islamique se retrouvent dotés d'un sens nouveau, radical et utopique. Une réelle solidarité et d'obscurs désirs de revanche les rapprochent.

Ces mouvements se rejoignent dans leur volonté délibérée de recourir à la violence. Les partis se transforment en nébuleuses, laissant graviter à leur périphérie des groupuscules terroristes, des sectes d'illuminés, des fanatiques et des désaxés de tout genre. Pour renforcer les rangs, on n'hésite pas à recruter dans la lie de la société les nervis qu'on enverra dans la rue le moment venu.

Les Occidentaux, installés dans leur confort, ne croient pas au pire. Ils restent convaincus que l'intégrisme, parvenu au pouvoir, ne manquerait pas de renoncer à son intransigeance et d'assouplir ses principes devant les dures lois du pragmatisme.

C'est avoir la mémoire courte, oublier les otages américains détenus en Iran et les enfants envoyés de ce même pays vers les mitrailleuses irakiennes, simplement munis de la clé qui ouvrait la porte du paradis.

Les idéologues islamistes ne visent pas à bouleverser le système économique capitaliste comme le proposaient les marxistes. C'est une certitude. Si, selon la *charia*, le taux d'intérêt bancaire est illicite, il reste possible de trouver un subterfuge.

Cela signifie qu'en tout état de cause les relations commerciales avec les pays occidentaux n'en souffriront pas et que les intégristes ouvriront leurs marchés aux produits étrangers. Mais n'y a-t-il pas là du cynisme ?

On ne manque pas non plus, s'agissant de l'Algérie, afin de récuser la comparaison avec l'Iran, de faire un subtil distinguo entre chiisme et sunnisme. On souligne les facteurs distinctifs de ces deux grandes branches de l'Islam. On relève que les partisans d'Ali sont les héritiers d'une vieille tradition radicale. On note que chez les orthodoxes il n'existe pas de clergé.

Risibles nuances. Les actuels dirigeants soudanais, pourtant sunnites, ne s'en embarrassent pas. Ils tentent, par les armes, d'imposer la même *charia* aux populations non musulmanes du sud. Et l'Iran chiite envoie des milliers de soldats renforcer l'armée de Hassan Tourabi.

En pariant sur la prévisible modération d'un régime intégriste, ou oublie que sa base le pousse vers une radicalisation forcenée. Il ne pourrait que le suivre. On l'a bien vu pendant la guerre du Golfe. Les leaders intégristes, écartelés entre leurs financiers saoudiens et leurs troupes, qui vibraient aux propos de Saddam Hussein, acceptèrent de s'aliéner leurs pourvoyeurs de fonds pour récupérer leurs partisans.

Il y a eu chez beaucoup d'Occidentaux une réaction de ras-le-bol. A-t-on le droit de leur faire assumer toute la misère du monde ? Si nombre d'Éthiopiens meurent de faim chaque jour, les Parisiens doivent-ils pour autant s'abstenir d'aller au restaurant ? Existe-t-il une relation de cause à effet ?

Ce qui est demandé aux Occidentaux est plus un effort de compréhension qu'une aide matérielle.

Que peut bien signifier la démocratie dans un pays comme l'Éthiopie où chaque jour des dizaines de personnes meurent de faim ?

Quelques-uns de nos compatriotes émigrés adoptent une position qui rejoint en de nombreux points celle des Occidentaux. Au-delà de l'influence qu'exercent sur eux les médias des pays où ils vivent, je crois qu'il existe dans leur attitude une part de sadisme. D'outre-mer, ils nous accusent de diaboliser les intégristes, mais se gardent bien de venir partager le sort de leurs concitoyens.

Les sympathisants de l'islam peuvent être offusqués par certains de mes propos. Mais il est bien clair que, dans cet ouvrage, ce n'est pas la religion d'Allah qui est en cause, mais l'interprétation qu'en a faite un mouvement extrémiste.

L'intégrisme est une imposture. Il discrédite le message de Mohammed en en donnant une image d'intolérance mâtinée de violence, et de son temps, le Prophète n'a pas manqué de dénoncer le dogmatisme.

Au moment d'envoyer vers le Yémen, dont les habitants venaient d'être convertis, le premier juge de l'histoire de l'islam, il lui demanda :

– Sur quoi te fonderas-tu pour condamner ou acquitter ?

– Sur le Coran.

– Et si tu n'y trouves pas d'indication ?

– Je pourrai recourir à la Sunna.

– Et si elle ne peut t'éclairer ?

– Je trancherai alors selon ma conscience.

Mohammed laissa partir le premier magistrat musulman en se félicitant à haute voix d'être assisté par des hommes qui refusaient le dogmatisme.

Les amis de l'Algérie seront sans doute navrés de voir ainsi détaillée une image peu flatteuse du pays qu'ils aiment. Mais une vieille expression populaire affirme qu'on ne peut cacher le soleil avec un tamis. C'est en auscultant le malade que le médecin découvre la source du mal, afin de pouvoir le soigner.

Les Occidentaux sous-estiment les dangers d'extension de l'islamisme. Une Algérie intégriste aurait joué un rôle capital dans le basculement de l'Afrique du Nord et des pays du Sahel, dont les populations sont majoritairement musulmanes.

C'est d'abord la petite Tunisie qui aurait été prise dans un étau aux mâchoires algérienne et libyenne. Les partisans de Rachid Ghannouchi auraient bénéficié des bases de soutien nécessaires. Armés et entraînés, ses activistes auraient été capables de prendre le pouvoir par la force. La jonction avec le Soudan de Hassan Tourabi aurait été faite. Au tour de l'Égypte de se trouver cernée. On aurait pu ainsi voir reprendre forme par morceaux le puzzle de l'ancien Empire musulman. Ces alliances seraient bénéfiques si elles étaient porteuses d'un espoir de renaissance de la civilisation, comme ce fut le cas du mouvement panarabe de Michel Aflaq qui se proposait d'unir le monde arabe pour conforter sa marche dans la voie du progrès et de la modernité.

Les Saoudiens, qui, par leurs dollars, espéraient devenir les champions d'un islam puritain mais sage, se retrouvent discrédités depuis la guerre du Golfe. On assiste au prestige croissant du Soudanais Hassan Tourabi. Très ignoré aujourd'hui des médias occidentaux, il est pourtant l'étoile montante d'un islamisme turbulent et radical. Il a consolidé sa base sur le soutien à l'Irak et le refus de la tyrannie américaine. En avril 1955, il parvint à réunir des organisations islamiques venues de plus de cinquante pays musulmans pour fonder l'Organisation populaire internationale dont il est devenu l'officieux dirigeant. Il condamne aussi les négociations israélo-arabes afin de s'attirer ainsi les faveurs des organisations intégristes de Palestine, du Liban, de la Jordanie et de la Syrie. C'est un homme dont on entendra parler.

En dépit de son idéologie laïque et progressiste, Saddam Hussein ne saurait rester longtemps insensible à ce chant des sirènes.

Une coopération entre le Pakistan, l'Irak et l'Algérie permettrait de mettre rapidement au point une arme nucléaire.

Face à un immense front stable de pays islamistes, la menace du bâton du gendarme américain perdrait beaucoup de son effet dissuasif.

En cas de conflit déclaré, les pays de l'Europe du Sud seraient les premiers à être infiltrés par les réseaux terroristes, étant donné leur proximité géographique et l'implantation sur leur territoire d'une forte communauté émigrée.

Les prises d'otages ne manqueraient pas de se multiplier.

Si l'Occident est sûr de sortir vainqueur d'un éventuel affrontement, je le soupçonne d'en sousestimer le prix.

Après la longue ère du bras de fer Est-Ouest, le monde a-t-il intérêt à entrer dans une nouvelle période de rivalités, de divisions et de troubles ?

INTOLÉRANCE ET ABSENCE DE CONSENSUS

Rémus et Romulus

Le drame de la situation algérienne est l'inexistence d'un consensus entre les diverses parties de la population.

Le résultat du premier tour des élections législatives du 26 décembre 1991 donne une image assez crédible du découpage politique de l'opinion.

Il existe un marais de 40 % constitué de gens indifférents au sort du pays. Ces abstentionnistes se recrutent surtout dans les tranches les plus âgées de la population rurale. Ils sont en général analphabètes et dénués de formation politique. Ils se préoccupent avant tout d'améliorer leurs dures conditions d'existence. Ils sont surtout sensibles aux besoins matériels : l'eau courante, l'électricité, l'école pour leurs enfants et la proximité d'un dispensaire. Ils sont croyants mais ne revendiquent pas l'application de la *charia* dans la mesure où aucune loi ne vient gêner la pratique de leur religion. Ils s'accommoderaient de n'importe quel régime. Chez eux, c'est le scepticisme qui prévaut.

Pour avoir longtemps été abreuvés de promesses fallacieuses, ils récusent les politiciens de tous bords. Durant plus de vingt-cinq ans, les responsables du FLN, qui avaient besoin de leurs voix, ne venaient les visiter qu'à la veille d'une consultation. Ils les assuraient qu'ils allaient régler tous leurs problèmes, puis remontaient dans leurs voitures noires pour ne reparaître qu'à l'occasion du suffrage suivant et leur réitérer sans remords les mêmes assurances. Les islamistes à leur tour leur promirent le paradis sur terre. Mais dans les communes rien ne changea pour leurs administrés qui continuent à attendre l'eau et l'électricité, l'école et le dispensaire.

La frange moderniste représente 35 % de l'électorat. Elle traverse de nombreuses couches sociales mais se concentre surtout chez les employés et cadres de l'appareil administratif et économique du pays. La plupart ont bénéficié d'une formation dans les deux langues. Ses membres croient à la nécessité de faire accéder l'Algérie à l'ère de la modernité par le biais de la science et de la technologie. Mais ils divergent sur les moyens d'y parvenir. L'aile progressiste du FLN partage ce projet. Mais ces épigones de Boumediene privilégient la voie autocratique et une conduite des masses à marche forcée. Ils rêvent d'un nouvel Atatürk. Les démocrates, dont l'éventail s'étend de l'extrême gauche trotskiste à la social-démocratie, récusent l'autoritarisme. Les partisans de la IVe Internationale jettent de l'huile sur le feu en soutenant les intégristes, dans l'espoir d'un embrasement généralisé. Les deux mouvances berbéristes ne cessent de se déchirer. Les communistes se démarquent en boycottant les élections.

Les islamistes représentent 25 % de l'opinion. Mais ils pèsent bien plus lourd. C'est que ces laissés-pour-compte sont un vivant remords. C'est que ces exclus ont une revanche à prendre.

Ces révoltés sont arrivés jeunes enfants, ou sont nés dans le bidonville où s'est installé leur père venu à la recherche d'un emploi. Après de vaines démarches, celui-ci sera réduit à se transformer en cordonnier, réparateur de tamis, marchand ambulant, chiffonnier, rempailleur. Ses enfants grandiront dans une masure de tôle et de carton, dépourvue des plus élémentaires commodités. Celui qui veut faire ses besoins doit s'éloigner d'un kilomètre pour s'abriter derrière un buisson ou au creux d'un terrain vague. Grands ou petits, ils apprennent à louvoyer entre les itinéraires capricieux d'égouts à ciel ouvert. Ils sont victimes d'infections plus souvent qu'à leur tour.

A quelques centaines de mètres, c'est le domaine interdit. Là, ils voient s'élever des villas somptueuses. Ils affirment que le sol de l'une est en marbre de Carrare, que les robinets de la salle de bains de l'autre sont en or massif. Adossés à un mur, les adolescents fantasment sur ce monde inaccessible et pourtant si proche.

Le drame est qu'il ne s'agit pas de simples fantasmagories. Le marbre de Carrare et les robinets en or massif existent bien dans certaines résidences.

Le tragique de la situation politique algérienne vient du fait que les islamistes et les modernistes, les deux parties politiquement actives, ne s'entendent sur rien. Il n'existe entre eux aucune base de consensus. Le projet totalitaire des intégristes part du principe que la *charia* étant la loi divine, la voie de la vérité consiste à la suivre. On ne saurait tolérer que d'autres musulmans persistent dans l'erreur et les errements. La démocratie, simple invention humaine, doit céder le pas à la loi céleste. En ce sens, le principe majoritaire ne saurait être intangible, car si le plus grand nombre se trompe, il convient de ramener dans le droit chemin les brebis égarées plutôt que de se soumettre à leur volonté. De la même façon, cette logique rend inconcevable l'existence d'un espace privé. Puisque le Coran déconseille la consommation d'alcool, il convient de l'interdire, et tout individu qui transgressera la règle, même chez lui, sera puni. Cela autorise donc les gardiens de la foi à pénétrer comme en Arabie Saoudite dans les foyers pour vérifier qu'il ne se trouve aucune bouteille délictueuse. Les rapports sexuels hors mariage étant prohibés, toute femme – et non tout homme – qui entretiendra des relations coupables sera lapidée. Comment constater l'adultère, à moins d'entrer dans la pièce ?

Tous les citoyens devront s'étendre sur la table de Procuste. On coupera les membres qui dépassent la dimension idoine, on étirera les nains pour leur donner bonne mesure. Quel est l'Iranien qui ne porte pas aujourd'hui turban et barbe ? Quelle est l'Iranienne qui sort sans foulard ?

En l'absence d'un *modus vivendi*, au sens strict du terme, comment les Algériens pourraient-ils envisager de vivre ensemble, de cohabiter ?

C'est en ce sens que le projet intégriste est porteur d'une réelle menace de déflagration sociale. Face aux multiples pressions et menaces, les dissidents qui auraient refusé de s'expatrier se seraient vus contraints de défendre leurs libertés les armes à la main.

Un processus à la libanaise ou à la yougoslave attendait l'Algérie en cas d'arrivée au pouvoir des intégristes.

La tendance islamiste représente le quart de l'opinion nationale. Elle sera durable. Le pouvoir et les démocrates devront compter avec elle. La dissolution du FIS ne constitue pas une solution rationnelle car cette décision administrative ne dissoudra pas l'électorat qui s'en réclame. La politique de répression, si elle a le mérite de nettoyer de ses satellites terroristes la nébuleuse intégriste, ne saurait parvenir à démanteler un mouvement né dans la clandestinité, qui va y retourner et retrouver les méthodes d'organisation et de propagande qui firent ses premiers succès. Le sentiment de l'injustice dont il a été victime ne peut que radicaliser ses positions et promouvoir ses leaders les plus extrémistes. Nul doute qu'ils se préparent à en découdre. Réduits au désespoir, ils risquent de se lancer dans la voie d'un terrorisme aveugle et suicidaire, comme celui de l'OAS en 1962, avec les bombes déposées dans les lieux publics, les mitraillages dans les rues et la terreur généralisée.

L'Algérie est entrée dans une ère de grande discorde, cette « fitna » que le Prophète tenait pour le danger le plus mortel qui menaçait sa communauté naissante et dont il avait tenu à prévenir ses compagnons vers la fin de sa vie.

Ses proches n'en tinrent aucun compte. Les rivaux abandonnèrent le cadavre de Mohammed pour se réunir à huis clos afin de lui choisir un successeur. L'histoire de l'islam foisonne de ces dissensions internes.

Il est une question essentielle : les Algériens sont-ils prêts à vivre ensemble, à s'accepter avec leurs différences sans que les uns menacent de sauter à la gorge des autres ?

A moins de consentir à plonger le pays dans le drame, le pouvoir actuel est requis d'œuvrer à l'élaboration d'un consensus susceptible de permettre la coexistence des frères ennemis.

Les intégristes doivent renoncer à leur projet totalitaire et accepter que les coreligionnaires qui ne partagent pas leurs convictions aient le droit de vivre dans le même pays et de s'exprimer librement.

Les démocrates doivent se soumettre au principe majoritaire et accepter un éventuel gouvernement islamiste.

Le drame est qu'en telle occurrence les premiers se promettent d'égorger leurs opposants et les seconds parlent de quitter le pays.

La vraie révolution algérienne est en œuvre. Parviendrons-nous à faire l'économie d'une terreur à la Robespierre ? Sera-t-il possible de conjurer les démons de la guerre civile ? Nous savons que l'histoire est tragique et que les pays qui y rentrent en paient le pesant de sang et de larmes. Est-ce la condition nécessaire à la formation d'une nation ?

GLOSSAIRE

à l'usage des étrangers qui débarquent en Algérie

BABOR : en algérien, signifie bateau. Il existe chez nous deux bateaux très célèbres. Une pièce de théâtre d'un des plus grands dramaturges algériens a pour titre *Le bateau a coulé.* Le sens de l'expression est limpide. Par ailleurs, le plus talentueux humoriste algérien a intitulé un de ses spectacles *Bateau pour l'Australie.* Cela symbolise le mythe du départ qui taraude le corps social algérien.

BANANE : fruit devenu très célèbre et très recherché depuis sa disparition des étals des marchés algériens. Si vous trouvez trop triste la mine du garçon qui vous sert dans un restaurant, exigez des bananes pour dessert. Il ne manquera pas d'étouffer de rire.

BARBUS : on les appelle aussi les FM (Frères musulmans). Il s'agit, bien entendu, des intégristes.

BEYLIK : nom turc qui qualifiait la régence. Il est devenu pour les Algériens le symbole de l'État. Ainsi l'administration coloniale française fut aussi appelée *beylik.* On continua à le faire après l'indépendance.

BM : c'est l'abréviation d'une abréviation. Il s'agit de la prestigieuse marque allemande d'automobiles B.M.W. qu'affectionnent les bourgeois modernistes algériens. Les intégristes préfèrent les Mercedes.

BOUMBA : il est dérivé du mot français bombe et signifie : c'est super.

CAPTER : il faut installer une antenne parabolique pour recevoir les chaînes de télévision qui émettent par satellite. Cela ressemble à un immense couscoussier. Comme les Algériens ont coutume de partager leur plat favori, ils partagent aussi leurs antennes paraboliques. Il suffit d'en placer une pour permettre aux locataires d'un pâté d'immeubles de suivre les programmes de toutes les chaînes françaises, y compris Canal Plus, miraculeusement décryptées. Capter signifie faire partie de cette classe de privilégiés.

CHARIA : c'est le droit canon musulman fondé sur le Coran et la Tradition. Les intégristes sont connus pour l'interpréter de la façon la plus restrictive et la plus dogmatique, en ignorant les versets divins et les *hadiths* qui les dérangent. Ils ne citent par exemple jamais cette injonction du Prophète qui dit : « Tu n'es que celui-là qui rappelle, tu n'es pas pour eux celui qui régit. » Il conteste ainsi clairement le droit des « docteurs de la foi » à assumer le pouvoir.

DÉGOURBISATION : néologisme typiquement algérien. Il est dérivé de gourbi et a désigné l'opération qui consistait à éradiquer les bidonvilles qui cernaient les grandes villes algériennes en renvoyant par la contrainte vers leur lieu de naissance des occupants de ces *Favellas*. Ce fut une abomination.

DÉGOÛTAGE : dérivé de dégoût. Il exprime la mal-vie des adolescents qui ne peuvent ni aller au cinéma, encore moins au théâtre ni avoir une petite amie. Ils passent donc leur temps adossés à des murs.

DEVISES : mot magique qui cristallise tous les fantasmes. Le terme est en fait synonyme de francs français. Celui qui peut en disposer ne peut être qu'un homme heureux. Il pourra obtenir son visa et aller dévaliser les magasins de Tati. Ses précieux francs lui permettront aussi de se procurer tous les produits introuvables chez lui.

PAL/SECAM : les spécialistes savent qu'il s'agit des systèmes de télévision couleur allemands et français. Le pouvoir algérien a choisi le premier. Pour recevoir en couleurs les chaînes françaises dont raffolent les Algériens, ils doivent acquérir un téléviseur multistandard. Ceux-là font partie de la crème des privilégiés.

QAMIS : c'est la longue robe blanche qu'affectionnent les intégristes. Elle est l'équivalent des chemises noires et brunes des fascistes italiens et des nazis allemands.

SANS PITIÉ : titre de la plus célèbre émission de radio de la chaîne francophone algérienne. Ses animateurs se permettaient de contredire brutalement les hommes du pouvoir et les acculaient souvent en leurs ultimes retranchements. Être sans pitié signifie placer ses interlocuteurs dos au mur.

SIQUICE : vient de séquestre. L'administration coloniale française frappa de séquestre les terres de la plupart des tribus qui s'étaient élevées contre l'armée expéditionnaire. Ce terme dérivé est devenu pour les Algériens synonyme d'arbitraire et d'injustice.

SUNNA : ou la tradition. Il s'agit des textes qui rapportent les faits et dires du Prophète. Après le Coran, elle fonde la *charia*.

TATI : magasin le plus fréquenté par les Algériens lorsqu'ils débarquent à Marseille ou à Paris.

TRABENDO : terme sans doute emprunté à un Espagnol. On en a longuement parlé.

TRICITI : il s'agit d'électricité.

ZAMBRETTO : il s'agit d'un mélange d'alcool à brûler et de limonade sur lequel se rabattent les ivrognes algériens dans les départements où la consommation d'alcool est interdite. Ils sont assurés de se retrouver à l'hôpital quelques heures après leurs libations.

TABLE

DANS LA MÊME COLLECTION

FRANCESCO ALBERONI
Le choc amoureux

BERNARD ALLIOT
L'adieu à Kouriline

JEAN ANGLADE
La bonne rosée
Le parrain de cendre
Les permissions de mai
Une pomme oubliée
Le tilleul du soir
Le tour de doigt
Qui t'a fait prince ?
Les ventres jaunes
Le voleur de coloquintes

MARIE-PAULE ARMAND
La courée
La courée 2

GEORGES ARNAUD
Le salaire de la peur

GEORGE J. ARNAUD
Les moulins à nuages

EMMANUELLE ARSAN
Emmanuelle

ARTHUR
Mon école buissonnière

SUSAN AZADI
Fugitive

PHILIPPE DE BALEINE
Les éléphants roses de Bangkok
Le petit train de la brousse
Le nouveau voyage sur le petit train de la brousse
Voyage espiègle et romanesque sur le petit train du Congo

BETTE BAO LORD
Une mosaïque chinoise

MICHEL BAR-ZOHAR
L'espionne du diable

RENÉ BARJAVEL
Les chemins de Katmandou
Les dames à la licorne
Le grand secret
La nuit des temps
Une rose au paradis

MICHEL BATAILLE
L'arbre de Noël

LAURENT BECCARIA
Hélie de Saint Marc

PIERRE BELLEMARE
Les crimes passionnels (2 tomes)
Nuits d'angoisse (2 tomes)
La peur derrière la porte (2 tomes)

Isi Beller
Le feu sacré

Aïcha Benaïssa/ Sophie Ponchelet
Née en France

Erwan Bergot
Les 170 jours de Diên Biên Phû

Patrick Besson/ Danièle Thompson
La boum (juillet 93)

Janine Boissard
Les trois amours de Napoléon

Geneviève Bon
La poupée du loup
La saison des bals

Gilbert Bordes
Le roi en son moulin

Roger Borniche
Borniche story
La cible
La filière
Kidnapping

Nancy Bosson
Maîtresse détresse

Huguette Bouchardeau
George Sand
Rose Noël

Pierre Boulle
La baleine des Malouines
Contes de l'absurde
L'épreuve des hommes blancs
Un métier de seigneur
La planète des singes
Le pont de la rivière Kwaï
Le sacrilège malais

Olivier Bourgois
La chambre d'Icare

Philippe Bouvard
Contribuables, mes frères

Jean-Denis Bredin
L'affaire

J.-D. Brierre/ M. Fantoni
Johnny Hallyday

André Castelot
Talleyrand

Ève de Castro
Les bâtards du soleil
La Galigaï

Antoine de Caunes
C'est bon mais c'est chaud

Cavanna
Maman au secours !

Jacques Cellard
Les petites marchandes de plaisir

François Cérésa
La Vénus aux fleurs

Gilbert Cesbron
Il est minuit, Docteur Schweitzer

Jean Chalon
Chère Marie-Antoinette
Le lumineux destin d'Alexandra David-Néel
Les paradis provisoires

Simone Chalon
L'enfance brisée
L'enfance retrouvée

Françoise Chandernagor
L'allée du roi

Jung Chang
Les cygnes sauvages

Charlie Chaplin
Ma vie

Lowell Charters
Cœur de tonnerre

Jean-François Coatmeur
Des croix sur la mer

Jean-Pierre Coffe
Le bon vivre
Le vrai vivre
Au secours le goût

Comtesse de Paris
Blanche de Castille

James F. Cooper
Le dernier des Mohicans

Claude Couderc
Les enfants de la violence
Mourir à dix ans

Claude Chourchay
Jean des Lointains

Georges Coulonges
La liberté sur la montagne (juin 93)

Jacques-Yves Cousteau/Frédéric Dumas
Le monde du silence

CharlElie Couture
Les dragons en sucre

Henri Crouzat
Azizah de Niamkoko

Marie-Thérèse Cuny
La petite fille de Dar El Beida

Marie-Christine D'Welles
Folle… moi ?

Pierre Dac
Les pensées

Dalaï Lama
Océan de sagesse

Michel Damien
Raymond Pin, vingt ans dans la forêt

Alexandra David-Néel
Au pays des brigands gentilshommes
L'inde où j'ai vécu
Journal (2 tomes)
Le Lama aux cinq sagesses
Magie d'amour et magie noire
Mystiques et magiciens du Tibet
La puissance du néant
Le sortilège du mystère
Voyage d'une parisienne à Lhassa

Miles Davis
Autobiographie

Didier Decoin
Béatrice en enfer
Il fait Dieu

Jean François Deniau
La Désirade
L'empire nocturne
Un héros très discret

Jean-Paul Desprats
Le marquis des éperviers
Le camp des enfants de Dieu
Le secret des Bourbons

Lilas Desquiron
Les chemins de Loco-Miroir

Raymond Devos
À plus d'un titre

Françoise Dolto
L'échec scolaire

Françoise Dorin
Va voir maman, papa travaille !

Kirk Douglas
La danse avec le diable

Loup Durand
Daddy
Le jaguar

Adrienne Durand Tullou
Le pays des asphodèles

Boris Eltsine
Jusqu'au bout !

Philippe Erlanger
La reine Margot

Guillaume Fabert
Autoportrait en érection

Albert Falco/ Yves Paccalet
Capitaine de la Calypso

Faty
Mémoires d'une fouetteuse

Jean-Louis Festjens/ Pierre Antilogus
Le guide du jeune couple
Le guide du jeune père

David Fisher
Ultime otage

Leonore Fleisher
Fisher King
Rain Man

Jean-Charles de Fontbrune
Nostradamus historien prophète

Dian Fossey
Gorilles dans la brume

Jean-Pierre Foucault
Est-ce que la mer est belle ?

Dan Franck/ Jean Vautrin
La dame de Berlin
Le temps des cerises

Peter Freeborn
Un homme sous influence

Ava Gardner
Ava

Charles de Gaulle
Mémoires de guerre (3 tomes)
Mémoires d'espoir

Virgil Gheorghiu
La 25e heure
La vie de Mahomet

Mep Gies
Elle s'appelait Anne Frank

Françoise Giroud
Alma Mahler
Jenny Marx (juin 93)

Françoise Giroud/ Günter Grass
Écoutez-moi

Almudena Grandes
Les vies de Loulou

Michel de Grèce
Le dernier sultan
L'envers du soleil
La femme sacrée
Le palais des larmes

Luanshya Greer
Bonne Espérance

Jean Grémion
La planète des sourds

Joëlle Guillais
La Berthe

Jan Guillou
La fabrique de violence

Sacha Guitry
Les femmes et l'amour

Caroline Guttman
Le secret de Robert le Diable

Marek Halter
Argentina, Argentina
Le fou et les rois
La mémoire d'Abraham
Les fils d'Abraham
Un homme, un cri

Joséphine Hart
Dangereuse

Bill Hayes
Midnight Express

Jeanine Henry-Suchet
La fontaine couverte

Katharine Hepburn
Moi, histoire de ma vie

Catherine Hermary-Vieille
Un amour fou

David Heyman
Jackie

Alice Hoffman
La ville qui avait peur d'une enfant

Stephane Hoffmann
Château Bougon

Jerry Hopkins/ Daniel Sugerman
Personne ne sortira d'ici vivant

Thomas Hoving
L'affaire Vélasquez

Claire Hoy/ Victor Ostrovsky
Mossad

Christopher Hudson
La déchirure

Nicolas Hulot
Les chemins de traverse

Denis Humbert
La malvialle (juin 93)

Jill Ireland
La brisure

Susan Isaacs
Une lueur dans la nuit

Christian Jacq
Champollion l'Égyptien
Maître Hiram et le roi Salomon
Pour l'amour de Philae
La reine Soleil

John Jakes
Nord et Sud (5 tomes)
California Saga (2 tomes)

Annette Kahn
Robert et Jeanne

Brigitte Kernel/ Éliane Girard
Les mecs

Olivier de Kersauson
Fortune de mer
Mémoires salées
Vieil océan

Michael Korda
Les monstres sacrés

Roselyne Laele
Marie du Fretma

Jean-Yves Lafesse
Les grandes impostures téléphoniques

Françoise Lalande
Madame Rimbaud

Alexandra Lapierre
L'absent

Éric Laurent
Tempête du désert

Éric Laurent/ Pierre Salinger
La guerre du Golfe

Marie Lebey
Un ange en exil

André Legal
L'or des sables

Capitaine Legorjus
La morale et l'action

Christian Lehman
La tribu

Marty Leimbach
Le choix d'aimer

Serge Lentz
La stratégie du bouffon

Marie-Laure de Léotard
Nous les bourgeoises

Ira Levin
Sliver (mai 93)

Michel Lévine
La comtesse de Monte-Cristo

Agnès L'Herbier
La vie aux trousses

Betty Jean Lifton
Janusz Korczak : le roi des enfants

Jean-Marie Lustiger
Dieu merci, les droits de l'homme

Jennifer Lynch
Le journal secret de Laura Palmer

Savador de Madariaga
Christophe Colomb
Hernán Cortés

Betty Mahmoody
Jamais sans ma fille

Michèle Manceaux
Le fils de mon fils

Raymond Martin
Souvenirs d'un médecin légiste

Ronald Mary
Tout ce que vous pouvez faire pour sauvegarder l'environnement

Bruno Masure
À pleins tubes
Le dictionnaire analphabétique

Sylvie Mathurin
Le temps passe... le cœur reste

Robert Matthieu
Échec à la dictature fiscale
Le racket fiscal

Jacques Mazeau
De l'autre côé de la rivière

Raymonde Ménuge-Wacrenier
Zabelle

Robert Merle
Fortune de France
En nos vertes années
Paris, ma bonne ville
Le prince que voilà
La violente amour
La pique du jour
Le jour ne se lève pas pour nous
L'idole

Max Meynier
Quoi de neuf mon cœur ?

Claude Michelet
Cette terre est la vôtre
Edmond Michelet, mon père
J'ai choisi la terre
La grande muraille
Rocheflame
Une fois sept
Des grives aux loups
Les palombes ne passeront plus
L'appel des engoulevents

James A. Michener
Alaska (2 tomes)
Caraïbes (2 tomes)

Rachid Mimouni
De la barbarie en général et de l'intégrisme en particulier (juin 93)

Hugues de Montalembert
À perte de vue

Hubert Monteilhet
Néropolis

Marcel Morin/ Françoise Wissen
La planète blanche

Elvire Murail
Bingo !

Annie Murat
Le servan

Zana Mushen
Vendues

Jean-François Nahmias
L'homme à la licorne (juillet 93)

Georges N'Guyen Van Loc
Le Chinois

Haing N'Gor
Une odyssée cambodgienne

Bess Nielsen/ Marco Koskas
L'étrangère

Bruno Ouachee
L'asticot

Michel Peissel
La Tibétaine

François Périer
Profession menteur

Nathalie Perreau
L'amour en soi

Michel Peyramaure
La passion Béatrice

Colette Piat
Adieu Moïse

Bernard Pierre
Ils ont conquis l'Himalaya

Le roman du Danube
Le roman du Mississipi
Le roman du Nil

Bernard Pouchèle
L'étoile et le vagabond

Mario Puzo
Le parrain

Yann Queffélec
La femme sous l'horizon
Le maître des chimères
Prends garde au loup (juin 93)

Nancy Reagan
À mon tour

Françoise Renaudot/ Marcelle Routier
L'enfant né à la fin d'un monde

Georges Renault
La mort de Marie

Griselidis Real
Le passé imaginaire (juin 93)

Françoise Rey
La femme de papier

Jean-Michel Ribes
J'ai encore oublié Saint Louis

Pierre Richard
Le petit blond dans un grand parc

Valérie Rodrigue
La peau à l'envers

Nadine de Rothschild
Le bonheur de séduire, l'art de réussir

Marie Rouannet/ Henri Jurquet
Apollonie

Francis Ryck/ Marina Edo
Les genoux cagneux

Joseph Saade/
Frédéric Brunnquell/
Frédéric Couderc
Victime et bourreau

Camille Saferis
La manuel des premières fois (juillet 93)

Thérèse de Saint-Phalle
L'odeur de la poudre

San-Antonio
Béru Béru
Béru et ces dames
Les clés du pouvoir sont dans la boîte à gants
Les cons (2 tomes)
Faut-il tuer les petits garçons qui...
Histoire de France vue par San-Antonio
Le mari de Léon
La sexualité
Le standinge selon Bérurier
Un tueur kaput
Les vacances de Bérurier
La vieille qui marchait dans la mer
Y a-t-il un Français dans la salle ?

Béatrice Saubin
L'épreuve

Nathalie Schweighoffer
J'avais douze ans...

Édouard Schuré
Les grands initiés

Fanny Seguin
L'arme à gauche

Claude Seignolle
Le diable en sabots
La malvenue
Marie la Louve
La nuit des Halles

Jacques Serguine
Cruelle Zélande

Alex Shoumatoff
Qui a tué Chico Mendes ?

Christian Signol
Les amandiers fleurissaient rouge
Antonin, paysan des Causses
Les cailloux bleus
Les chemins d'étoiles
Marie des brebis
Les menthes sauvages
La rivière Espérance
Le royaume du fleuve

Mitchell Smith
La cité des pierres (juillet 93)

Wilbur Smith
Au péril de la mer
Le léopard chasse la nuit
L'œil du tigre
L'oiseau de soleil

André Soussan
Octobre II

Cathy Cash Spellman
L'Irlandaise

Bram Stocker
Dracula

Paul-Loup Sulitzer
Les riches (I)

Haroun Tazieff
La terre va-t-elle cesser de tourner ?

Jean-Pierre Thierry
Bon appétit, messieurs !

Jean-Michel Thibaux
L'or du diable

André Tilieu
Brassens auprès de son arbre

Denis Tillinac
L'hôtel Kaolack
Maisons de famille
Un léger malentendu

Caroline Tiné
L'immeuble

Alfred Tomatis
Les troubles scolaires

Henri Troyat
La clef de voûte
Faux jour
La fosse commune
Grandeur nature
Le jugement de Dieu
Le mort saisit le vif
Les semailles et les moissons (5 tomes)
La tête sur les épaules

Léon Uris
Exodus

Anne Vallaeys
Coup de bambou

Valérie Valère
Laisse pleurer la pluie sur tes yeux

Jean-Marc Varaut
L'abominable docteur Petiot

D. Varrod/C. Page
Goldman, portrait non conformiste

June Clark Vendall
La vie sauvage

Françoise Verny
Le plus beau métier du monde

Charles Villeneuve/ Patrice de Meritens
Les masques du terrorisme (juillet 93)

Rudolph Vrba/ Alan Bestic
Je me suis évadé d'Auschwitz

Mika Waltari
Les amants de Byzance

Jean le Pérégrin

Kim Wozencraft
Rush

Wright
Christina Onassis

XXX
Constance
Souvenirs d'une gamine effrontée

Jacques Zelde
Gribiche

Achevé d'imprimer en mai 1993
sur les presses de l'Imprimerie Bussière
à Saint-Amand (Cher)

PRESSES POCKET - 12, avenue d'Italie - 75627 Paris Cedex 13
Tél. : 44-16-05-00

— N° d'imp. 1085. —
Dépôt légal : juin 1993.

Imprimé en France